| 비빌언덕사모의 집 **김혜한** 지음 |

내 손바닥에
너를 새겼고

쿰란출판사

내 삶의 주인이자 삶의 이유인,
사랑하는 예수님께 바칩니다.

내가 내 자리에 있도록 응원하고 믿어 준,
남편과 고맙고 든든한 두 딸,
사랑하는 은혜와 은선이에게 바칩니다.

추천의 글 1

　일본에서는 깨어진 도자기 조각들을 옻으로 붙이고, 그 상처 난 자국들을 금으로 메움으로써 이전보다 훨씬 더 비싸고 아름다운 도자기를 만드는 사람들이 있습니다. 그 장인들의 손에 의해 다시 탄생한 도자기를 '킨츄기 도자기'라고 부릅니다. 킨츄기 도자기 장인들은 상처를 아름다움으로, 쓰레기를 작품으로 승화시키는 정말 감동적인 예술가들입니다.
　나는 파이디온선교회 후배인 김혜한 선교사의 삶에서 한 사람을 킨츄기 도자기처럼 빚으시는 주님을 봅니다. 이 책을 꿰뚫는 단어는 '깨어짐'인 것 같습니다. 저자는 어렵고 힘겨운 삶을 온몸으로 겪어내며 깨어진 자신의 모습을 애써 가리려고 하지 않습니다. 오히려 그 깨어진 자국들을 사용해 자신과 다른 사람들을 빚으시는 주님의 실수 없는 손놀림을 드러내고 있습니다.
　또한 이 책에서 나는 깨어짐과 빚어짐을 경험한 사역자를 들어 쓰시는 주님을 봅니다. 그분은 그의 깨어짐을 아픔으로만 두지 않고 자원으로 사용하고 있습니다. 인생의 고달픔과 외로움에 지치고 거칠어진 성도들을 돌보다가 같이 상처받고 깨어진 사모들을 돌보는 자원으로 사용하고 있으니 말입니다. 깨어져 본 사람만이 깨어진 아품을 보듬을 수 있는 것 같습니다.

어떻게 깨어짐이 빚어짐으로 전환될 수 있는지 궁금해하는 모든 이에게 그는 확신으로 대답하는 것 같습니다. "내게는 비빌 언덕이 있다. 내가 깨어짐으로 배운 가장 중요한 레슨은 이 세상에 우리가 비빌 언덕은 살아 계신 예수님 한 분뿐이라는 것이다."

그 비빌 언덕을 의지하여 깨진 누군가를 킨츄기 도자기처럼 빚어 가시는 예수님의 동역자 김혜한 선교사님의 사역이 참으로 귀합니다. 심긴 곳에서 아름답게 꽃피고, 또 심긴 곳을 꽃피울 것을 기대합니다.

양승헌 목사
(사단법인 파이디온선교회 설립자, 세대로교회 원로목사)

추천의 글 2

김혜한 선교사님의 책을 보면서 나의 지난 시간들을 돌아보게 되었습니다. 내수동교회에서 18년간 담임 목회 사역을 하면서 감사했던 것, 부족했던 것, 특별히 힘들었던 것들이 떠올랐습니다. 누군가 나에게 목회를 하면서 가장 힘든 것이 무엇이었느냐고 묻는다면 나는 주저하지 않고 대답할 수 있습니다. 가장 힘든 것은 바로 나 자신이었노라고!

성도들 때문에 마음 졸이고 속상한 적은 있지만 절망한 적은 없었습니다. 그러나 나 자신 때문에는 수없이 절망했습니다. 나의 죄성과 간사함, '가시'는 밖에 있는 것이 아니라 바로 내 속에 있었습니다. 이것은 비단 목회뿐 아니라 만고불변의 인생의 진리라고 생각합니다. 적은 가까이에 있고, 사실은 내 안에 있다는 사실입니다. 그러므로 고통의 무게는 항상 나와 가장 가까운 사람이 느끼게 되는 것입니다. 그 사람은 바로 사모입니다.

내가 나 자신 때문에 힘들어했다는 말은 뒤집어 말하면, 나와 가장 가까운 사람이 나 때문에 고통을 받았다는 말입니다. 나 역시 사모로 인하여 가장 큰 위로와 기쁨을 얻은 동시에, 가장 큰 위기와 고통을 느끼기도 했습니다.

광야를 행진하는 구약 이스라엘이 구축했던 진지의 형태는 특이했습니다. 성막을 중심으로 동서남북으로 지파들이 빙 둘러 진을 쳤습니다. 그러나 그 내부에서는 제사장과 레위 지파들이 또한 내부의 진지를 구축했습니다. 즉, 이스라엘은 두 종류의 대적과 전쟁을 해야만 했습니다. 하나는 외부의 적, 또 하나는 내부의 적입니다. 제사장과 레위 지파는 바로 내부와의 전쟁을 해야 했습니다. 곧 죄와의 전쟁입니다. 외적인 전쟁보다 더 힘들고 무서운 싸움은 내적인 전쟁이었습니다. 이스라엘이 결국 멸망하고 포로로 끌려가게 된 것은 외적인 전쟁이 아니라 내적인 전쟁에서 실패했기 때문입니다. 이것은 오늘날도 마찬가지입니다. 교회의 적은 밖에 있는 것이 아니라 안에 있습니다. 목회자의 치명적인 적도 내부에 있는 적입니다.

바로 이러한 의미에서 나는 김혜한 선교사님께서 받으신 사명은 하나님께로부터 온 사명이라는 것을 확신했습니다. 사모의 고통은 사모의 고통이기 이전에 교회의 고통이며, 사모를 치유하는 것은 교회와 하나님 나라를 치유하고 회복시키는 핵심이라는 사실을 말입니다. 수많은 시험과 고난 속에서도 변함없이 꿋꿋하게 사역을 감당해 오신 선교사님의 노고에 박수를 보냅니다. 선교사님의 진솔한 간

증에서 나는 간접적인 치유를 경험했습니다. 이 귀한 간증을 목회자들뿐 아니라 많은 성도가 읽기를 기대합니다. 그리고 더 많은 사모들이 치유되고, 하나님의 교회가 더욱 건강하게 세워져 나갈 것을 기대해 봅니다.

박지웅 목사
(내수동교회 담임)

추천의 글 3

    이 글은 하나님의 부르심을 최우선으로 하는 삶을 보여주는 글입니다.

    이 글은 하나님의 부르심대로 살아갈 때 경험하는 하나님과의 교통이 무엇인지 보여줍니다.

    이 글은 하나님이 우리의 공급자이시고 보호자이신 것을 알게 합니다.

    이 글은 우리는 연약하나 하나님은 능력이신 것을 알게 합니다.

    이 글은 하나님의 음성에 예민하고 세상의 소리에 귀 기울이지 않는 삶을 보여줍니다.

    이 글은 연약함에도 불구하고 헌신할 때 이루시는 주의 기적을 보여줍니다.

    하나님의 인도하심에 목말라하는 분들에게 일독을 권합니다.

    하나님과의 교통과 동행을 알고 싶어 하는 분들에게 일독을 권합니다.

    그저 하나님의 부르심을 받은 사람을 남편으로 맞이한 것 때문에 자신을 버린 많은 사모님의 이야기에 귀를 기울이게 됩니다.

    남편에게 주신 부르심을 자기의 것으로 받아들이는 아픔의 과정

도 거치지 않은 채 사역의 현장에서 가슴 찢어지는 많은 이야기를 들어야 했던 사모님들의 사연에 가슴이 먹먹해집니다.

김혜한 사모는 자신이 있는 자리에서 하나님을 찾고 만나고, 그 자리를 거룩한 곳으로 만드는 일을 과장 없이 우리에게 말합니다.

그저 마음 먹은 대로 주시지 않는 하나님의 은혜에 투정 부리고 불평하며 원망하는 우리를 머쓱하게 합니다.

하나님 앞에 서서 낮엔 해처럼, 밤엔 달처럼 살기를 바랐던 지친 동역자들에게 꼭 일독을 권합니다. 그리고 다시 하나님을 향해 나아가려고 하면서 갈등하는 갈림길에 서 있는 동역자들에게도 일독을 권합니다.

우리가 연약하면 주님은 강해지시고, 우리가 부족하면 주님은 채우시고, 우리가 지혜가 없으면 주님은 지혜를 주십니다.

고종율 목사
(사단법인 파이디온선교회 대표)

추천의 글 4

김혜한 선교사는 저의 총신대학교와 내수동교회 후배입니다. 대학 캠퍼스에서 후배를 만난 지 벌써 40여 년이 되어가는군요. 김혜한 선교사는 그때도 하나님을 사랑하고, 옆에 있는 사람들을 배려하는 예수님을 닮은 후배였습니다.

이 책은 인생의 고난 중에서도 성도가 어떻게 하나님께서 주신 소명을 이루어가는지를 잘 보여주고 있습니다. 고난을 겪는 대부분의 사람은 "내 코가 석 자다"라는 속담처럼 내가 당하는 고난에만 집중하기 쉽습니다. 그러나 김 선교사는 그 쉽지 않은 고난 속에서도 자신을 부르신 하나님의 소명에 집중했습니다. 마치 '고난받는 종'으로 오신 예수님을 닮아가듯이 그러했습니다.

이 책을 통해서 우리는 고난 중에서도 하나님께서 부르신 소명의 자리에서 어떻게 살아야 하는지를 배울 수 있습니다. 고난의 현장에서도 피하지 않고 소명을 위해 살아온 삶이 참 귀합니다. 그것은 고난 앞에 내 가정 하나 건사하기도 쉽지 않다고 생각하고, 소명을 잃어버린 채 생존만을 위해 사는 사람들에게 소명을 위해 살 수 있는 가이드 라인을 제시할 것입니다.

이 책에는 김혜한 선교사가 처음으로 소명을 받은 날이 소개되어

있습니다. 당시 고등학생이었던 김혜한 선교사는 '80세계복음화대성회'에 참여하여 김준곤 목사님의 세계 선교를 위한 초청에 손을 들고 선교사로 살기로 헌신했습니다. 이 책은 그 후로 오늘까지 하나님께서 한 사람의 생애를 어떻게 인도했는지를 통시적으로 보여줍니다.

이 책을 통하여 우리는 우리의 갈 길을 한 치의 오차도 없이 인도해 주시는 하나님의 인도를 경험할 것입니다. 오늘도 인생의 갈 길을 잃은 이들에게, 고난 앞에서 소명을 잃은 그들에게 이 책을 강력히 추천합니다.

박성규 목사
(총신대학교 총장, 전 부산 부전교회 담임목사)

추천의 글 5

　믿음의 길을 가는 사람들에게 용기와 소망을 주고 싶은 마음에 자신의 삶과 사역에서 겪었던 갈등과 은혜를 진솔하게 글로 쓴 저자의 용기에 박수를 보낸다.
　이 책은 하나님의 자녀로 부르심을 받은 자는 그 누구라도 하나님 앞에 해야 할 일이 있다는 기독교 세계관적 신앙고백을 보여주고 있다.
　어려운 일이 생길 때 하나님은 우리의 믿음을 달아보신다. 저자는 하나님의 사랑을 잃어버리기 쉬운 연약한 존재인 우리에게 그때마다 주시는 말씀으로 위로와 평안을, 하나님의 역사하심을 경험하는 삶의 여정을 잘 그려내고 있다.
　보통은 항아리에 물을 가득 채우려는 삶을 살아가지만 저자는 삶의 여정 가운데 물을 항아리에 채우는 것이 아니라 오히려 흘려보낼 때 하나님의 일하심을 보게 된다고 고백한다. 이런 믿음의 고백은 성도들의 삶이 어떠해야 하는지를 잘 보여준다.
　신앙인들은 삶을 영위하면서 자신의 행위에 대한 결과를 보기 원한다. 그리고 그 결과가 성공적이지 않을 때, 혹은 자신이 원하는 결과가 아닐 때 자신이 들인 공만 생각할 뿐 그 이면에 계신 하나님의 뜻과 섭리를 보지 못하기가 쉽다.

  그러나 저자의 글을 읽으면서 나의 행위와 노력보다는 하나님의 계획에 초점을 맞추어야 함을 새삼 깨닫는다. 이는 모든 신앙인이 마음에 새겨야 할 부분이다.

  이 글은 처음부터 끝까지 말씀과 하나님의 인도하심에 의해 살아온 저자의 신앙이 솔직하게 표현되어 있다. 인생의 여정 가운데 고통과 실의에 차 있는 성도들에게 위로와 소망을 줄 수 있는 책이라 여겨 이 책을 추천한다.

정희영 교수

(총신대학교 명예교수)

추천의 글 6

40여 년을 친구이자 같은 사모로 함께 이 길을 걸어온 김혜한 선교사의 삶에 담긴 생생한 간증과 신앙고백이 책으로 출판되어 매우 감격스럽습니다.

이 책은 김혜한 선교사의 삶과 사역에 역사하신 하나님의 은혜로 가득 차 있습니다. 그로 하여금 고난과 상실, 부재를 통해 오히려 세상의 가치관을 뛰어넘게 하시고 믿음의 사람으로 성숙하게 하신 하나님의 오묘한 섭리를 느끼게 합니다. 비록 버거운 삶일지라도 하나님의 꿈을 마음에 품은 자에게 역사하시는 하나님의 능력과 세밀한 인도하심을 생생하게 볼 수 있습니다. 또한 흔들리는 다음세대에게 믿음의 유산을 물려주는 지혜를 깨닫게 합니다.

특히 "사모라는 자리, 하나님이 부르신 그 자리에 서 있다는 것만으로도 충분해. 사모가 된다는 것은 '하나님 사랑하기'"라는 저자의 말은 사역의 현장에 있는 저에게 힘이 되었고, 또한 지친 이 땅의 모든 사모에게 큰 울림과 위로를 줄 것입니다.

이 책을 읽는 모든 사모들이 하나님의 살아 계심에 흠뻑 젖어 들고 그분의 뜻대로 아름다운 삶을 살아가는 데 큰 은혜와 도전을 받을 것을 확신합니다.

김주연 사모

(새로운교회)

서문

글 쓰는 일은 어느새 나에게 사역의 중요한 일부가 되었다.

그러면서도 글을 잘 쓴다고 자신할 수 없으니 민망하다. 지극히 평범한 일상 속 나의 속살을 드러내는 것 것 같아 부끄럽고 두렵기까지 하다. 글을 쓰다 보니 잘 썼다는 소리를 듣고 싶은 욕심 때문에 글이 진전되지 않기도 했다. 그러다 대단한 글을 쓰려고 노력하지 않고 지금까지 살아오면서 하나님께서 나에게 주신 감동을 그대로 표현해야겠다고 마음을 다잡았다.

제일 나다운 글이 다른 사람에게 공감이 되고 위로가 되고 용기도 될 것이기 때문이다. 하나님은 우리에게 소망을 주시지만 그 소망을 이루시는 분은 하나님이심을 너무나도 잘 알고 있기에 있는 그대로의 진솔한 글을 쓰되 그 중심에 주님의 마음이 있기를 간절히 기도하며 써 내려갔다.

일부 사람들은 아파도 아프지 않은 척, 힘들어도 힘들지 않은 척 하는 것이 그리스도인의 미덕이라고 여긴다. 세상은 과정보다는 결과적으로 성공한 삶에만 관심을 갖는다. 그럼에도 아프고 힘들었던 나의 삶과 사역의 과정에서 겪었던 갈등을 공유하기 위해 용기를 낸 것은 '그러면 나같이 평범한 사람은 어디 가서 누구에게 공감을 받을 수 있을까?' 하는 생각이 들었기 때문이다. 나는 "나도 그랬어"라고 말해주는 글이 된다면 좋겠다.

부족하지만 나의 연약함이 누군가를 위로하고 그 연약함이 "괜

않다"라고 말해주는 도구가 되고 "지금 느끼는 그 감정이 틀린 것이 아니다"라고 용기를 줄 수 있다면 그것으로 만족한다.

인생은 여행이다. 우리 가족은 이사를 많이 다녔다. '가라' 하시면 가고, '멈추라' 하시면 멈추다 보니 의도하지 않았지만 나그네가 되었다. 순례자의 길을 걸어갔던 존 번연의 《천로역정》과 같은 인생 여정을 가고 있다는 생각이 들기도 했다. 여러 여행을 거치면서 우리가 현재 머무는 곳이 영원히 머물 곳이 아니라는 것을 절감했다.

창세기 12장에서 아브람이 본토 친척 아비 집을 떠났듯이, 우리 가정도 본토 친척 아비 집을 떠나 이주민으로서 밴쿠버에 정착하였다. 그리고 이곳에서 목회자 부부를 섬기는 일을 하게 되었다. 2009년부터 5년 동안은 목회자 예수 제자훈련 학교(YWAM)에서 여성들을 섬겼고, 그 후 지금까지 여성과 사모들을 섬기는 자리에 있다.

왜 하나님이 우리를 밴쿠버에 오게 하셨을까? '선교지' 하면 대개는 아프리카나 아시아나 이슬람권을 떠올린다. 사람들이 생각하는 밴쿠버는 노년을 보내기 위해 찾는 사람들이 많은 도시다. 천혜의 자연 환경을 갖춘 이곳을 어떤 사람은 "천당 밑의 999당"이라 말하기도 한다. 쉼이 필요한 사람들에게 준비된 쉼을 주기에 정말 안성맞춤인 땅이다. 하지만 다른 한편으로는 사역자로 살아내기 어려워 '사역자의 무덤'이라는 소리를 듣기도 하는 땅이다. 이 땅의 모순 속에서 '변하지 않는 진리이시며 사랑이신 하나님은 쉼이 필요한 사역자들을 섬기라고 우리를 이 땅에 보내셨구나' 하고 생각한다. 하나님은 나에게 맡기신 일에 대하여 충성을 원하신다는 사실을 순종하며 배운다.

하나님은 우리의 인생 여정에 개입하시며 친히 인도하신다. 확신을 가지고 하나님을 믿고 따라갔다고 생각한 순간에도 마음 깊은 곳에서는 미지의 세계에 대한 두려움으로 가득했다. 말씀이 이끌어 주기를 바라면서도 그 말씀을 내 필요에 맞추는 것은 아닌지 두렵기도 했다. 발을 옮길 때마다 주의 말씀이 내 발에 등이 되기를 바라고, 걷는 그 길에 빛이기를 바랐다. 나의 확신이 내가 만든 확신이 아니라 하나님이 주신 확신이기를 간절히 바랐다.

부르심에 대한 확신 가운데서도 '이 걸음이 옳은가?' 하는 의심과 고민하는 마음이 생겼으나 그때도 어쩔 수 없이 한 발 한 발 내디뎠다. 그 길에서 부족한 나를 불러주시고 인도해 가시는 그분의 은혜를 만났다. 두려움과 갈등 속에서도 성도로, 선교사로 살아낼 수 있는 것은 하나님의 은혜다. 나는 나를 믿지 않는다. 내 인생에 완전히 개입하셔서 앞으로도 인도하실 이스라엘의 목자 되신 은혜의 하나님을 믿는다.

나이가 들어가면서 나의 삶의 목적과 방향이 오직 예수님인 것과 내가 연약할수록 더욱 사랑하시는 하나님의 완전하심은 너욱 분명하고 선명해지고 있다. 주는 날로 흥하고, 나는 날로 쇠하게 되니 더욱 감사하다.

하나님은 연약한 자를 들어 강한 자를 부끄럽게 하시는 분이다. 나를 알지도 못하는 사람들에게 나의 연약함과 취약함을 나눈다는 것이 쉽지는 않다. 그런데도 가리거나 숨기지 않고 드러내 말하는 이유가 있다면, 그것은 연약한 자를 들어 강한 자를 부끄럽게 하시는 하나님이 자랑이 되기를 바라기 때문이다. 너무나 사랑하기 때문에 자신의 손바닥에 나를 새기고 다니는 내 아버지를 높일 기회가 되기 때문이다.

우리는 힘겨운 삶을 어렵사리 이겨낸 사람의 말을 들을 때 인간적으로는 설명이 안 되니 기적이라 말한다. 그러나 우리가 연약하고 가난할 때 더욱 사랑하시고 우리 곁을 한 번도 떠난 적이 없으신 하나님 아버지의 '열심'이 끌어가고, 업고 가며, 밀어주는 삶을 경험한 사람은 기적이 아니라 은혜라고 말하게 된다. 실수와 실패를 사용해 한 뼘씩 성장하게 하는 하나님 아버지의 은혜가 크다.

문득 내 안에 작은 불씨가 있는 것을 발견했다. 그것이 내 필요인지, 아니면 성령님이 시작한 일인지, 능력 밖의 일이라 욕심인지, 부르심인지 처음에는 헷갈렸다. 그러다 시간이 지나면서 나의 연약함과 경험이 사모님들의 필요를 채우는 도구로 사용되는 것이 맞다는 것을 점차 확인시켜 주셨다. 사역을 하면서 경험했던 '사역자의 아내'라는 자리가 그랬다. 사역자로 살다 보니 손에 주어지는 것은 없는데 가정의 필요를 채워야 했고, 자녀를 키워야 하는데 뒷바라지할 방법이 없어서 안타까워 했다. 하나님의 은혜가 주어짐에도 때에 따라서는 인간적인 쉼이 필요하다는 것을 느꼈다. 아무것도 하지 않고 누군가의 시선을 의식하지 않으면서 다리를 쭉 뻗고 쉴 수 있는 곳을 사모님들에게 줄 수 있다면 얼마나 좋을까 생각하게 되었다. 쉬고 난 후에는 믿음도 소망도 회복되어 다시 걷게 되는 용기를 줄 것이라는 막연한 소망이 불씨가 되었다. 나는 비록 지금껏 달려오느라 쉬지 못했지만 누군가에게 그런 공간을 주고 싶었다. 내게 있어 하나님이 있으라고 한 곳에 있었던 것은 하나님의 은혜를 누리는 길이었다. 그렇기에 부르심의 자리를 떠나지 않고 서 있는 것만으로도 잘한 일이라는 격려와 쉼의 기회를 선물하고 싶었다.

사역을 하다 보면 사역의 성패보다 마음의 중심을 보시는 하나님을 경험한다. 소망을 따라 살다가도 세상의 벽에 부딪히면 낙심될 때가 있다. 그러나 하나님은 그때마다 어김없이 찾아오셔서 하나님이 부르신 그곳에 서 있는 것이 얼마나 가치 있는 일인지 말씀하신다. 그럼에도 세상 사람들로부터 귀한 일 한다는 칭찬 듣기를 바라는 나 자신을 보고 깜짝 놀란다.

초심을 잃지 않고 날마다 하나님 앞에 나아가 하나님의 얼굴을 구하는 것이 사역보다 더 중요하다는 것을 배운다. 하나님은 사역보다 그 사람의 마음을 원하시고 교제하기 원하시는 애인 같은 분이시다. 우리가 가게 될 천국의 신부로서 에녹처럼 주님과 동행하는 연애 같은 삶이 우리가 소원해야 할 최종 목표이기도 하다.

삶의 현실과 싸우며 갈등 가운데서도 부르신 자리를 힘겹게 지켜내는 나를 포함한 모든 여성이 자랑스럽다. 삶의 현장을 믿음과 인내로 살아내는 여성인 아내와 엄마와 딸, 그리고 사역자 혹은 권사님, 집사님이 자기 자리를 지켜내는 것은 그 어떠한 일의 성과보다 더 가치 있는 일이다. 우리의 걸음은 한 번에 이루어지지 않는다. 가다가 쉴 수는 있지만 계속해서 걸어가야 한다. 영광의 면류관과 기쁨의 면류관은 일의 크기와 상관 없이 자기에게 주어진 일에 충성했을 때 주어지는 면류관이라고 성경은 말한다. 이는 부르심의 자리를 충성스럽게 지킨 자들이 받게 될 것이다.

비빌언덕 사모의집이 충성된 자리를 지키며 계속 걸어가는 그 길의 어디쯤엔가 있는 쉼터가 되기를 바란다. 이곳에서 쉬어가는 모든 여성이 새 힘을 얻어 비전과 사명을 회복하고 다시 오겠다고 약속하신 주님을 기쁘게 만날 것을 사모하며 인내하고 승리하길 바라는 마음 간절하다. 우리의 눈물을 닦으시고 주님이 주시는 면류관을 쓰게 될 그날을 소망하는 우리 모든 여성이 되기를 바란다.

목차

추천의 글 1   양승헌 목사(사단법인 파이디온선교회 설립자, 세대로교회 원로목사) _ 4
추천의 글 2   박지웅 목사(내수동교회 담임) _ 6
추천의 글 3   고종율 목사(사단법인 파이디온선교회 대표) _ 9
추천의 글 4   박성규 목사(총신대학교 총장, 전 부산 부전교회 담임목사) _ 11
추천의 글 5   정희영 교수(총신대학교 명예교수) _ 13
추천의 글 6   김주연 사모(새로운교회) _ 15
서문 _ 16

1장. 누구에게나 사명은 있다 _ 25

있어야 할 자리 – 내 삶을 훔친 한 구절 – 누구에게나 사명은 있다 – 하나님의 청사진은 물을 채우는 것이 아니다 – 깨진 항아리에 물 붓기 – 부르심을 점검하다 1 – 부르심을 점검하다 2 – 물 떠온 하인만 아는 비밀

2장. 내 손바닥에 너를 새겼고 _ 55

나의 어린 시절 – 아이들이 할아버지, 할머니를 만나듯 – 상실 – 나의 나 된 것은 주님의 은혜라 – 더 나은 본향을 사모하며 – 요셉을 양 떼같이 인도하시는 이스라엘의 목자 – 깨진 도자기였던 나 – 내 손바닥에 너를 새겼고

3장. 임신하게 하였으니 출산하게 하겠다 _ 85

네 보물이 있는 곳에 네 마음도 있다 – 왜 한국 목회자 훈련 학교가 아니고 캐나다야? – 자녀들에게 영적인 유산을 물려주기 위해 – 가시 떨기에 떨어지매 – 여호와 이레 – 임신하게 하였으니 출산하게 하겠다 – 하나님이 이루시기까지 두드리세요 – 사람의 손만 한 작은 구름이 일어나다 – 부부가 연합하여 동거함이 어찌 그리 선하고 아름다운지요 – 밴쿠버에 왜 오려고 하세요?

4장. 비빌언덕 _ 126

사모 – 사모의 길 – 밴쿠버 비빌언덕 사모의집 – 마음에서부터 필요한 비빌언덕 – 전능자의 그늘을 밴쿠버에서 꿈꾸다 – 'Doing'이 아닌 'Being' – 세상의 논리가 아닌 하나님의 논리로 – 잊지 못할 한마디 '사모님이 비빌언덕이 필요하겠네요' – 사모님들을 위한 빛의 향연 – 쉼이 필요하다 – 영양제 보내기 – 어느 사모님의 소원 – 어머니, 그 여성을 위한 기도

5장. 살아가다 _ 183

아버지 마음 – 잊지 못할 한 끼 식사 – 엄마, 비자가 거절됐어 – 하나님이 있게 하신 자리가 가장 아름답고 복된 자리 – 밴쿠버 시온선교합창단 – 목사도 사모도 성도예요 – 내려놓음으로 – 당연한 것은 없다 – 무뎌짐 – 뿌리 깊은 나무는 – 걷다 보면 다 막힌 것 같아도 열린 문이 있더라 – 진실한 아름다움이란 – 가진 것이 없으니 더 좋은 것이 있더라 – 행복했던 순간 찰칵 – 인생 최대의 상실이자 슬픔 – 지금 우리는 토요일의 긴 여정을 걷고 있는 중이다

에필로그 _ 245
감사의 말 _ 257

1장

누구에게나 사명은 있다

● 있어야 할 자리 ● 내 삶을 훔친 한 구절 ● 누구에게나 사명은 있다 ● 하나님의 청사진은 물을 채우는 것이 아니다 ● 깨진 항아리에 물 붓기 ● 부르심을 점검하다 1 ● 부르심을 점검하다 2 ● 물 떠온 하인만 아는 비밀

있어야 할 자리

    북아메리카 인디언들에게 전해오는 10계명 중에 "인생의 여정을 즐기라. 그러나 길이 아닌 곳은 가지 말라!"라는 말이 있다. '길이 아닌 곳은 가지 말라'는 말이 내게는 '있어야 할 곳에 머물라'는 말로 들린다.

    지금은 고인이 된 우리 할머니께서 내 얼굴만 보면 하시는 말씀이 있었다. "혜한아, 네 미간은 어쩜 그리도 넓으냐? 트럭도 지나가겠구나." "할머니, 모나리자는 눈썹이 아예 없는걸!" 나는 이렇게 받아칠 만큼 할머니의 말이 그런가보다 하여 그리 불편하게 생각하지 않았다. 그렇다고 내 눈썹이 없는 것도 아니다. 오히려 숯검댕이에 가까운 편이다.

    눈썹의 사전적 정의는 '눈 위에 난 짧은 털로, 머리카락이나 머리에 있는 물체가 눈으로 내려오지 않게 해주는 역할을 한다. 눈썹은 우리의 눈을 보호해 준다. 또한 눈썹은 얼굴과 머리를 구분하는 경계가 된다'이다. 손이나 발처럼 눈에 보이는 일을 하지는 않지만 눈썹이 자신이 있어야 할 자리에서 이렇게 중요한 역할을 하는지는 몰랐다. 젊을 때는 미간이 넓어도 그렇게 어색해 보이지 않았다. 나이가 들어가면서 눈썹은 빠지고 미간 사이는 더 넓어져 거울을 볼 때마다 할머니가 떠오르곤 한다. 눈썹이 많을 때는 몰랐는데 그 중요성을 점점 더 실감한다. 있을 때 잘해야 하는데….

몇 년 만에 방문한 한국에서 만난 친구의 눈이 예전보다 더 선명하고 예뻐 보여 나만 늙어가나 싶은 맘에 한마디 했다. "눈썹을 참 예쁘게 그렸네!" "하하하, 그런 게 아니고 문신을 했어. 얼마나 편한지 모르겠더라. 새벽 예배 갈 때마다 화장을 할 수는 없는데 이렇게 문신하니까 편해"라고 말하는 친구의 말에 공감이 되었다.

오랜만에 만난 친구들이 하나같이 다 예쁘다. 한국 물은 다른가 싶어 자세히 보니 눈썹 문신을 한 친구가 한둘이 아니다. 나만 눈썹을 중요하게 생각하는 줄 알았는데 많은 사람이 눈썹을 중요하게 생각한다는 것을 동창들을 만나면서 체감한다. 예전부터 눈썹 문신을 하고 싶었기에 한국에 나온 김에 나도 할까 싶었다.

밴쿠버에 와서 처음으로 출석한 교회에서 마치 눈썹 같은 권사님을 만났다. 그분은 비가 오나 눈이 오나 교회 입구에서 환하게 웃는 얼굴로 성도들을 맞이하셨다. "어서 오세요" 하고 안정된 톤으로 과하지 않게 인사를 건네주셔서 처음 교회에 방문한 사람이라도 오기를 잘했다고 생각하게 했다. 그분은 언제나 다른 사람보다 일찍 오셔서 주보를 접고 예배당 안으로 들어서는 사람들을 환영했다.

"권사님, 저희는 아직 밴쿠버가 낯선데 권사님이 매주 이렇게 반갑게 맞아주시니 덕분에 교회에 예배드리러 오는 것이 참 좋습니다." "아유, 그러세요. 감사합니다." 오가는 대화 속에 우리의 얼굴에는 낯꽃이 피곤 했다.

사역자라는 이름 때문에 어느 교회를 가든 뭔가를 해야 할 것 같은 강박을 느끼기도 하고, 이 교회 예배에 참석하는 것을 담임목사님이 싫어하지는 않을까 고민하기도 한다. 사역자이면서도 선교지에 서는 성도인 우리는 권사님의 환영이 고마웠다. 권사님의 환영 인사는 교회가 위로의 장소가 될 수 있음을 보여주었다. 교회에 올 때마다 환영해 주시는 권사님의 환한 얼굴은 방문자가 손님이 아닌 예배자가 되게 했다. 권사님의 섬김은 부족하거나 모자라지 않았다. 교회의 구성원으로서 꼭 있어야 할 자리에 있는 눈썹 같았다.

알츠하이머를 앓고 계신 것을 나중에 알게 되었지만 권사님은 자신이 잘할 수 있는 일을 선택하셨다. "무슨 일을 하든지 마음을 다하여 주께 하듯 하고"(골 3:23)라는 말씀을 알고 순종한 것인지, 본인이 좋아서 한 일인지는 알 수 없지만 그 자리에 있기를 정말 잘하셨다고 말씀드리고 싶었다. 다른 권사님처럼 식사 봉사나 설거지를 못하는 것을 늘 미안해하셨지만 아주 작은 일도 주께 하듯 하는 것이 무엇인지 보여주셨다.

말씀을 가르치는 분들로부터 교회의 중책을 맡으신 분들, 교회를 청소하고 주보를 접고 헌금을 계수하고 어린아이들을 사랑으로 돌보고 가르치는 분들까지 있어야 할 자리에 계신 분들이 온 마음을 다해 즐거이 하는 수고로 교회가 하나님의 몸 된 곳임을 알게 된다. 그분들이 있기에 교회가 건강한 공동체가 되어 그리스도의 몸을 이룬다. 우리의 몸을 구성하는 모든 것이 각기 있어야 할 자리에 있듯 '나'라는 존재가 있어야 할 자리를 알게 된다. 교회의 구성원들이 자신들이 있어야 할 자리를 지키기에 교회가 유기체가 되어 굴러간다. 아내로서 엄마로서 있어야 할 자리를 지킬 때 가정도 생명력이 있는 곳이 된다. 내가 있어야 할 자리를 지킬 때 결국 내가 가야 할 곳과 있어야 할 곳을 알게 된다.

내 삶을 훔친 한 구절

"오직 한 번뿐인 인생, 속히 지나가리라. 오직 그리스도를 위한 일만이 영원하리라."

― 찰스 토마스 스터드의 《오직 한 번뿐인 인생》에서

"사랑하는 남편 옆에 서 있었을 뿐인데 사모가 되었어요."

남편이 하나님의 부르심에 순종하여 사명자로 사는 것이 뭔지도 모른 채 사모가 되었다는 것이다.

장로 교육이나 권사 교육은 있으나 사모를 위한 훈련이나 교육은 없다. 어떤 자격이 있어야만 성도와 교회를 섬기는 것은 아니지만 이 일에는 다양하고 많은 능력이 요구된다. 거기다 더 놀라운 사실은 거의 풀 타임으로 뛰는데 무급이라는 것.

나도 별반 다르지 않았다. 결혼 전 우리 가정에서 교회를 다니는 사람은 나 혼자였다. 나를 위해 특별히 기도해 주는 사람도 없는 가정에서 성도는 혈혈단신 나뿐이었다. 사모로서 사모고시 정도는 패스해야 한다면 학원에 다녀서라도 배웠어야 할 쉽지 않은 자리다. 만약 그랬다면 고시는 아무나 치르는 것이 아니니 아예 바라보지도 않았을지 모르겠다. 뭘 모르니 용감했던 것 같다. 병아리 사모였을 때는 어릴 적 보았던 사모님을 떠올리며 흉내 내면서 사모라는 자리를 지켰다.

"비가 오고 바람이 심하게 부는 날도, 해가 너무 쨍쨍해서 걸음을 떼기 어려운 날도 우리는 멈추지 않고 걷기를 계속해야 합니다. 인생이라는 이 긴 여정을 마치는 순간까지 말입니다." 박정은 교수는 '사려 깊은 수다'에서 이렇게 썼다. 사모의 자리는 남편을 떠나지 않는 한 피할 수 없는 여행이있다. 넘어시고, 쓰러지고, 무릎이 깨어지고, 가슴이 무너져 내리는 일들이 수도 없이 일어났다. 뼛속까지 아픈 상처에 세상은 반창고 같은 위로를 줄 뿐이었다.

지쳐서 눈물을 흘리며 하나님의 이름을 부를 때 문제가 바로 해결되지는 않았지만 세상이 줄 수 없는 평강이 내 안에 깊이 찾아왔고 그 누구도 빼앗아 갈 수 없는 기쁨을 소유하게 되었다. 인생의 여행에서 수없이 넘어져도 주가 가르쳐 준 길을 따라 걸을 때 사모의 자리가 부르심의 자리요, 복된 자리라는 것을 알게 하셨다. 사모로 살다 보니 남편이 받은 사명이 남편만의 것이 아니라 나를 사명자로 부르기 위한 과정이었음을 알게 되었다. 사모라는 자리가 익숙해지고 뭐든 가능한 능력자가 되었기에 그런 것이 아니다.

사모의 길을 걷는 사람 중 사명으로 사모의 자리를 지키는 여성을 거의 만나보지 못했다. 내수동교회 대학부에서 주일마다 들었던 찰스 토마스 스터드의 말이 나의 걸음을 인도하게 될 줄은 몰랐다. 이제는 사모의 자리가 복을 주기 위해 부르신 사명의 자리라는 것을 안다. 내게 주신 사명은 아내의 자리와 또 다른 사명의 자리를 지키는 남편을 기도로 돕고 응원하는 사모의 자리다. 하나님이 나를 사모로 부르셨다는 것을 알게 되었기에 감사하다. 결혼 생활 35년이 되어가면서 이제 사모의 역할을 어렴풋이 알게 되었고, 그것은 주를 사랑하면 할수록 선명해져 갔다. 어느 날 갑자기 누가 사모의 사명이 뭐냐고 묻는다면 무엇을 잘하고 누구를 잘 섬기는 것을 넘어 '주를 더욱 사랑하는 것'이라고 말할 것이다.

사모로 살아가는 것이 사명인 줄 알아갈 때쯤 하나님은 다른 사모님들을 마음에 품게 하셨다. 내 안의 아픔을 재료 삼아 사모님들을 응원하라고 연약하고 부족한 나를 부르셨다. 하나님이 사모님들을 섬기는 사명자로 불러 주심이 황송하다. 내 힘으로 지속할 수 없는 일이기에 하나님의 도우심과 은혜를 위해 기도한다. 주님께서 부르실 그날까지 겸손히 사모님들을 섬길 수 있는 사명자가 되기를 기도한다.

사모님들을 섬긴 지 15년째다. 나도 사랑이 필요한 존재다. 곧 누군가를 사랑한다는 것은 어려운 일이다. 사랑하기로 작정하는 것은 곧 상처받기로 결정하는 것이다. 사모님들을 섬기다가 마음이 아파서 도망가고 싶을 때가 있었다. 그럴 때면 '사명의 자리는 아파서 뒤로 물러섰다가도 다시 돌아가는 자리'라고 말씀하신 어떤 선교사님의 말씀을 떠올렸다. 발을 씻어주는 모범을 보이신 예수님을 가장 많이 닮은 사모님들을 섬기는 자리는 상처받을 수 있는 자리이고, 때로는 도망가고 싶은 자리가 될 수도 있다. 그러나 결코 포기할 수 없는 사명의 자리이며, 감히 하나님이 특별히 사랑하는 사람들을 섬기는 황송한 자리라는 것도 기억한다.

누군가가 왜 이 일을 하느냐고 내게 묻는다면 "오직 한 번뿐인 인생 속히 지나가리라. 여호와를 위한 일만이 영원하리라"라는 말이 나를 여기까지 오게 했다고 말하리라. 그러나 그 어떤 이유보다 내가 사모님들을 섬기는 자리를 떠나지 않는 것은 믿는 자에게 약속하신 대로 내세에서 백 배로 돌려 주실 하나님의 약속을 믿기 때문이라고 말할 것이다. 바울도 그리스도 예수 안에서 하나님이 위에서 부르신 부름의 상을 받으려고 푯대를 향해 달려간다고 말하고 있지 않은가(빌 3:14)!

"저는 저의 주와 구주이신 예수 그리스도께서 서와 믿는 자 모두에게 약속하신 대로 그분의 이름을 위해 우리가 이 땅에서 무엇을 잃든지 내세에서 백 배로 되돌려 받을 것이라는 사실로 위로를 삼습니다"(프리드리히 3세).

누구에게나 사명은 있다

'재정을 많이 주셨다면, 재능을 많이 주셨다면, 건강을 주셨다면 더 많은 일을 해서 하나님께 영광을 돌릴 텐데!'라고 생각하는 사람들이 많다. 나도 그렇게 생각한 적이 있었다. 그러나 누가 자신은 가진 것이 없어서 아무 일도 할 수 없다고 단정 지어 말할 수 있을까?

하나님을 믿는 모두가 크고 놀라운 일을 행해야 하는가? 크고 놀라운 일을 하는 사람만 사명자인가? 크고 놀라운 일을 행하지 못하는 사람은 존재의 이유가 없단 말인가? 더 많은 일은 하나님께 영광이 되고, 사람들의 눈에 드러나지 않는 일은 하나님이 받지 않으실까?'

사람들이 만들어 놓은 기준은 사람을 비교하고 판단하게 한다. 뭔가를 이루기를 원하고 그럴싸한 결과물이 있으면 좋겠다고 생각한다. 세상이 말하는 만큼, 혹은 최소한 내 수준의 값을 요구하고 싶어진다. 재촉하고 불평하는 것이 사람의 모습, 아니 나의 모습이다. 하나님은 우리가 있는 그대로 서로 사랑하기를 원하신다. 그러나 우리는 종종 사람이 행한 일의 크기와 결과에 따라 그의 존재 가치를 쉽게 판단하기도 한다. 하나님의 계획과 기준을 바라보지 못하게 될 때 나는 하나님과 다른 사람과의 관계에 들어가 개입하려고 한다. 그러다 정신이 퍼뜩 든다. 하나님은 완전하시고 우리를 위해 허락하신 모든 것이 옳다.

우리는 예수 그리스도의 보혈의 능력으로 존재 자체의 가치를 가지고 있는 사람이다. 성경이 말하는 각 지체의 역할을 생각해 본다. 그리고 존재의 소중함을 깨닫는다. 하나님이 있으라고 한 본연의 내 자리로 돌아올 때만 하나님의 섭리를 묵상하게 된다. 크고 놀라운 일이 무엇인지 묵상한다.

누구에게나 사명은 있다. 내가 그 이름을 모를지라도 자신에게 맡겨진 일을 하고 떠나간 사람이 어찌 한두 사람이랴. 태어나서 평생을 아파하다 떠나갔어도 그는 그 자신의 몫을 다한 것이다. 갓 태어난 생명을 주님이 거두어 가셨더라도 부르시는 그 순간까지 그는 자신의 사명을 다한 것이다. 하나님이 누군가에게 일을 맡기셨다면 그것은 그 사람이 가진 능력이 아닌 하나님의 은혜에 대한 이야기다. 사명은 능력에 관한 이야기가 아니라 부르심에 관한 이야기다. 하나님을 사랑한 이야기다. 인생의 최종 심판자이자 종결자는 하나님이시다.

"사람은 누구나 자신의 삶에서 자신만의 과업 또는 사명을 가지고 있다. 이것은 다른 사람에 의해 대체될 수도 없고, 또 자신의 인생에서 반복할 수도 없다. 따라서 모든 사람들이 갖는 과업이 독특한 것처럼 그것을 이행할 수 있도록 주어진 기회 또한 독특한 것이다"(빅터 프랭클).

하나님의 청사진은
물을 채우는 것이 아니다

"깨진 항아리에 왜 물을 부으라는 거예요?"

나는 내가 하는 일이 맞는지 재차 확인했다. 전래동화 '콩쥐와 팥쥐'에서처럼 항아리에 물을 채우는 것이 나의 일이라면 참 좋을 텐데…. 그러면 그것이 깨진 항아리라 할지라도 물을 채우는 기쁨이 있을 텐데…. 나는 하라는 일만 하고, 창조주 하나님은 세상을 깜짝 놀라게 할 일을 하시면 될 텐데….

어쨌든 내가 해야 할 일은 해야 하니 하나님이 행하실 기적을 기대하며 힘에 부치도록 기운을 내어 물을 길어다 항아리에 부었다. 순종하기로 작정했다고 항아리에 물이 저절로 채워지는 것은 아니기에 지쳐가기 시작했다. 양동이 가득 물을 길어다 항아리에 붓기 바빴다. 물을 가득 담은 양동이가 어깨에서 흔들거릴 때마다 쏟아진 물이 얼마나 아까운지 쏟아진 물만 생각했다. 물이 덜 쏟아지게 하려고 얼마나 균형을 잡았는지 어깨도 목도 팔도 너무나 아팠다. 지쳐

서 힘이 빠져 있는 그때 주님이 내게 이렇게 말씀하시는 것 같았다.

"깨어진 항아리 사이로 물이 흘러간 길을 보아라."

그제야 고개를 돌려 물이 흘러간 자리를 보았다. 물이 흘러간 길을 따라 이름 모를 꽃들이 피고 있었다. 지게를 지고 올라가기에 바빠 주위에서 무슨 일이 일어나는지 살피지를 못했다. 밑 빠진 항아리 사이로 흘러 내려간 물이 꽃길을 만들고 있는 줄은 꿈에도 몰랐다. 나무가 숲이 되고 각양 열매를 맺는 줄도 몰랐다. 어느새 만들어진 양 옆 큰 나뭇가지에서는 새들의 지저귐도 들린다. 내가 알지도, 생각하지도 못한 사이에 많은 생명이 꽃을 피우고 열매를 맺고 있었다. 동물들의 쉼터가 되고 있었다.

하나님은 상식적이고 인격적이시면서도 역설적이시며 우리의 상상력을 넘어 일하신다. 다른 한편으로 하나님의 방식은 세상의 그것과 달라도 너무 다르다. 물을 길어다 항아리에 붓는 목적은 물을 채우기 위함인데 물이 모이지 않을 것이 뻔한 깨진 항아리에 물을 부으라고 말씀하시는 분이다. 이해가 안 되는 일을 하기 위해서는 주의 은혜가 필요하다. 그 은혜는 내가 할 수 없는 일을 하게 한다.

그에 비해 사람이라는 존재는 이해되지 않는 일을 하거나 눈에 보이는 효과가 없을 때는 쉽게 지친다. 나라는 사람이 그렇다. 하나님의 뜻을 잘못 해석한 건 아닌지 고민하고 부질없다는 생각에 포기하고 싶어진다.

그런 중에도 하나님은 이스라엘 백성을 불기둥과 구름기둥으로 인도하신 분이라는 확신은 내게 용기가 되기도 한다. 그 믿음은 우리 가족이 밴쿠버로 오는 데 앞뒤 재지 않게 했고 그 덕에 우리 가족은 적응하느라 고생을 했다. 밑 빠진 항아리에 물을 붓는 믿음과 순종의 작업은 한 번에 끝나지 않았다. 밴쿠버까지 온 일과 사모님들을 섬기는 일은 세상의 기준과 방식으로는 이해할 수 없는 일이기 때문이다.

하나님은 가끔 나에게 뜬금없는 소원을 일으키실 때가 있다. 비빌언덕 사모 사역을 시작할 때 그랬다. 가진 것이 아무것도 없는데 사모축제 장소를 기웃거리게 하셨다. 이때 우리 가정은 아이들이 학업을 지속할 수 있을지 고민하고 있을 때였다. 나는 무작정 장소를 알아보았고 주님은 사모님들과 그에 필요한 재정을 보내 주셨다.

나의 일은 깨진 항아리에 물을 붓는 일이다. 많은 것들이 궁금했고 수많은 질문도 있었다. 그러나 주를 신뢰한다면, 하라는 일에 그냥 순종하면 된다. 순종할 때 나의 존재의 의미를 보게 되기 때문이다. 하나님 아버지의 성품을 알아가는 기쁨은 말씀에 순종한 사람만 알게 되는 선물이다. 또다시 이해가 안 되는 말씀을 하실 때 순종하리라는 의지를 다져본다.

새 일을 행할 때마다 기도하게 된다. "주님! 깨진 항아리에 물을 붓는 것을 이상히 여기는 사람들의 시선과 조롱을 견딜 힘을 주소서. 수년 내에 부흥케 하시는 주의 은혜를 보게 하소서. 하나님이 부탁하신 일에 대한 순종으로 그 기쁨과 감사가 연회장에 참석한 모든 사람들에게 넘치게 하소서. 나의 노래가 찬송이 되게 하소서."

> "우리가 잠시 받는 환난의 경한 것이 지극히 크고 영원한 영광의 중한 것을 우리에게 이루게 함이니 우리가 주목하는 것은 보이는 것이 아니요 보이지 않는 것이니 보이는 것은 잠깐이요 보이지 않는 것은 영원함이라"(고후 4:17-18).

깨진 항아리에 물 붓기

"사모님, 김 권사가 교회를 옮겼어요."

최선을 다해 교회를 섬기던 성도가 어느 날 갑자기 안 보인다. 작은 교회에서는 한 사람이 떠난 빈자리가 크다. 교회가 작다면 이런 경험은 허다하다. 개척 교회를 섬길 때는 내 자녀의 일이 성도의 일보다 나중이다. 하나부터 열까지 교회 일에 마음을 써야 하는 사모는 자신을 사랑하는 것이 무엇인지 생각해 볼 겨를이 없다. 새로 이사 오는 한 사람이 우리 교회 성도가 되기를 바라기에 짐 정리와 청소 등의 일도 마다하지 않는다. 녹초가 되어 집으로 돌아와 겨우 가족의 식사를 챙기려다 걸려온 전화에 또 달려 나간다.

이렇게 마음 주고 정 주고 사랑했던 성도가, 밤마다 눈물로 애통해하며 기도했던 성도가 어느 날 교회에서 보이지 않았다. 어제까지 웃으며 인사하고 함께 한솥밥을 먹었기에 마른 하늘에 날벼락 같은 소식이었다. 교회를 떠나는 이유를 직접적으로 말하기는 어려웠겠지만 간단히 설명이라도 해주면 존중받는 느낌이 들지 않았을까? 교회를 떠난 성도와 친하게 지내는 성도에게 이유를 전해 들을 수 있다면 그나마 다행이다. 이웃을 내 몸같이 사랑하라는 말씀에 순종하여 정말 나 자신보다 더 사랑했기에 참으로 황망하다. '교회를 옮길 수도 있지!'라고 말하면서도 마음 한편은 쓸쓸하다. 사실 이 이야기는 개척 교회를 섬길 때 나의 이야기다.

성도들은 자유의지가 있는 움직이는 꽃이다. 나는 그저 주인의 부르심에 따라 깨진 항아리에 물을 길어다 부으면 된다. 그런데 내가 물을 주었으니 당연히 내가 원하는 곳에서 씨앗이 발아되고 꽃 피게 될 것이라고 생각했다. 나의 희생이 있었으니 내가 원하는 곳에서, 내가 원하는 때에, 내가 원하는 방식으로 꽃이 피게 하고 싶은 기대감이 있었던 것 같다. 주님의 뜻을 이루겠다더니 주는 어디로 가고 나의 바람만 가득한 자신을 발견한다.

'내가, 내가, 내가…'

'오, 주님! 이 죄인을 어찌하오리까! 이 얼마나 육신적인 생각과 바람으로 가득한 사람인가요!' 이런 나를 바라보는 것이 힘들다.

자연의 사계절에서 하나님의 섭리를 본다. 꽃이 피는 때가 있고 열매가 맺히는 때가 있다. 하나님의 뜻과 방법은 내가 이해할 수 없을 때가 많지만 건강한 나무는 꽃과 열매를 반드시 맺는다. 나의 수고가 빛날 수 있는 항아리에 물을 채우는 것이 아닌, 채워도 채워도 채워지지 않는 깨진 항아리에 물을 길어다 부을 때 열매를 보게 될 것이다. 하나님께서 아브라함에게 이삭을 약속하시고 이루셨듯이, 우리 눈에 당장 보이진 않지만 깨진 항아리에서 흘러 나간 물은 옥토를 만들 것이다. 성령의 바람이 씨앗을 이끌면 주님이 원하시는 때에 꽃들이 만발하여 창조주를 찬양할 것이다.

하나님의 청사진은 우리가 하나님이 불러 세우신 그 자리에서 꽃을 피우고 숲을 이루는 것이다. 새로운 성도들이 교회에 오는 반면 떠나는 성도들도 있다. 떠나기를 원할 때 축복하고 응원하며 기쁨으로 보낸다면 하나님이 원하시는 그곳에서 사시사철 피는 꽃을 보게 될 것이다. 사모님들의 섬김은 허락하신 성도를 세우는 것이지만, 그곳에서만 꽃을 피우기를 고집해서는 아버지의 뜻이 이루어지는 것을 보기 어렵다.

하나님의 모든 백성, 오고 가는 모든 성도에게 물을 주어야 한다. 잠시 머물다 간 성도일지라도 그동안의 섬김은 어느 날 어디에선가 씨에 합당한 꽃을 피우고 열매도 맺을 것이다. 떠나간 그 성도가 어느 날 땅끝까지 가게 될지 누가 알겠는가? 주님 오시는 그날까지 온 세상에 복음이 전파되기를 원하는 하나님의 소원이 이루어기까지!

사모님들을 위한 사역을 하면서 교회를 섬길 때와 똑같은 마음이 있다는 것을 발견하게 되었다. 한 사람의 성도를 섬기는 것이 사모의 사명이다. 한 사람의 사모님을 섬기는 것이 내게 주신 사명이다. 오랜 시간 준비한 비빌언덕 사모축제에 사모님들이 밀물처럼 모여든다. 3박 4일 또는 4박 5일 동안 함께 지내다가 썰물처럼 가정과 사역지로 돌아가면 내 마음은 텅 빈 '빈 둥지 증후군'을 느낀다. 한동안 마음이 허전하다.

그러나 기대한다. 사모님들이 돌아간 가정과 사역지에서 희생과 사랑으로 물을 주는 수고를 기쁨으로 감당할 것을 믿음으로 바라본다. 하나님이 사모님들의 수고를 받으셔서 꽃이 피게 하실 것을 생각하면 응원이 절로 된다. 그러므로 나는 항아리에 물을 채우는 일이 아닌 깨진 항아리에 물을 붓는 일을 계속 할 것이다. 그 수고가 얼마나 가치 있는지 알기에 나의 허전함은 잠깐이다. 때론 많이 지치겠지만 분명한 것은 사모님들이 돌아간 그 자리에 사모님들로 인해 꽃이 필 것이라는 사실이다. 자라게 하시는 하나님을 만나는 기쁨을 누릴 사모님들을 생각하면 모든 그리움과 허전한 마음이 기쁨이 된다. 내가 하는 일이 하나님과 협력하는 일이라니 이 얼마나 놀라운 일인가! 깨진 항아리에 물을 길어다 붓는 것이 얼마나 가치 있는 일인가!

"나는 심었고 아볼로는 물을 주었으되 오직 하나님께서 자라나게 하셨나니"(고전 3:6).

부르심을 점검하다 1

'내가 누군가의 기쁨을 위해 일하다니! 내가 누군가의 쉼을 위해 잔치를 준비하다니!'

'비빌언덕'은 사역하느라 지친 사모님들의 마음이 즐겁고 행복하기를 바라는 마음에서 시작한 사역이다. 이곳에서 큰 위로를 받았다고 말하는 사모님들을 떠올리면 이 일을 멈춰서는 안 된다고 생각하게 된다. 작은 교회의 리더인 사모님들이라 더욱 귀하게 섬기고 싶은 마음이 크다. 사역하느라 힘들고 지친 사모님들이 이곳에 와서 새 힘을 얻고 다시 부르심의 현장에서 기쁨으로 물 항아리의 물을 나를 수 있는 힘이 생긴다면 나에겐 더할 수 없는 행복이고 기쁨이며, 그것이 이 일을 멈출 수 없는 이유다.

사모님들이 편히 쉴 수 있도록 준비하는 과정은 긴장의 연속이다. 가족이 도와주지만 오롯이 내가 주체가 되어 감당해야 하는 사역이기에 어려움이 많다.

편히 쉬며 비빌언덕의 프로그램을 누리기보다는 리더의 자리를 포기하지 못하고 본인이 원하는 모습으로 사모축제를 이끌어 가기를 원하는 사모님들도 있다. 비빌언덕 사모축제에 오신 사모님들 중에는 음식과 서비스 면에서 준비한 이상의 것을 거침없이 요구하시는 분도 가끔 계시다. 그럴 때는 손님 접대를 잘 못하고 있는 것은 아닌지 불편한 마음이 들기도 한다. 4박 5일간의 사모축제를 마치고 난 뒤 좀더 머물기를 원하는 사모님들의 뒷바라지도 내 몫이다. 모두가 캐나다 밴쿠버를 떠나는 날 공항까지 모셔다 드려야 그제야 모든 일정이 끝난다.

해를 거듭하며 그동안 무리한 일정을 소화해 내고 있었음을 인정하게 되었다. 할 수 있는 일과 그렇지 않은 일을 구분하며 점차 시간과 에너지를 조절해 나갔다. 고맙게도 우리 가족은 이 기간 동안은 아내와 엄마의 역할을 보류해 준다. 그리고 지지해 준다. 그럼에도 끝날 때까지 최선을 다해 대접하기 위해 밤잠을 설치는 것은 기본이고, 할 수만 있다면 원하는 것은 무엇이라도 해드리고 싶다. 잔칫집에 오신 손님의 마음을 흡족하게 하고 싶은 간절함이 내 안에 있다. 결국 모두들 떠나고 난 빈 자리에 남는 것은 나의 심신의 탈진이다. 사모님들을 섬긴 후에는 나 자신도 한동안은 쉼이 절실할 정도다.

잘하기만 하는 사역이 어디 있겠는가? 그러나 온 가족의 희생이 담긴 사역이다 보니 불평보다 감사의 말을 듣고 싶을 때가 있다. 가진 게 많아서도 아니고 지친 사모님들에게 쉼과 위로를 주고 싶다는 단순한 마음에서 시작했는데 이렇게 힘들어 하면서까지 내가 이 일을 할 필요가 있을까 싶기도 하다. 고맙다는 말을 듣기 위해 시작한 일은 아니지만 불평까지 감당할 능력은 내게 없다. 힘든 것은 누가 뭐래도 힘든 것이다. 하나님의 마음과 뜻을 생각하기보다는 회의와 후회하는 마음이 들기도 했다. 성도들 때문에 오그라든 심장을 붙잡고 울기도 했다. 자격 없는 내가 준비도 없이 섣불리 시작한 것은 아닌지, 어쩌면 하나님이 내게 허락하지도 않았는데 그냥 하고 본다는 마음으로 뛰어들어 사서 고생하는 것은 아닌지 고민이 됐다.

선교사로 살아가려면 기본적인 안정도 포기하고 내가 아닌 다른 사람을 위해 사는 것이 맞고 옳다. 그러나 나도 부모인지라 남들처럼 자녀들에게 기본적인 필요를 채워주고 싶은 욕구는 없어진 적이 없다. 그럼에도 부르심 앞에 선 것은 하나님이 어떤 방식으로든 자녀들을 책임져 줄 것이라고 믿었기 때문이다. 힘들게 시작한 사역이니 견뎌보자 하면서도 '이렇게 힘들어하면서 한다면 내 사역이 아닌 거야. 그냥 취직을 해서 가정을 먼저 안정시킬까?' 하는 생업과 사역 사이에서의 갈등이 시작됐다.

하나님 앞에 머물며 그분의 뜻을 묻기보다 혼자 답을 구하고자 애썼다. 결국 캐나다 유치원 교사 자격증을 취득할 수 있는 단체에 등록했다. 한국에서 받은 유치원 교사 자격증도 있고 교사 경험도 있는 데다, 등록만 하면 자격증 취득까지 채 1년도 안 걸린다는 말은 내게 달콤한 유혹이었다. 그러다 문득 마지막으로 하나님께 여쭙자 하는 마음이 들어 기도하기 시작했다.

"비빌언덕 사역이 나의 의지인지, 하나님의 뜻인지 구체적으로 알려 주세요. 하나님 뜻이라고 생각할 수 있는 일인지 아닌지, 만약 아니라면 제가 그렇게 생각하도록 구체적으로 알게 해주세요."

부르심을 점검하다 2

"사모님들을 섬기는 자리에 나를 부르신 것이 확실합니까? 하나님이 나를 부르신 것이 맞습니까? 하나님이 부르신 사역이 맞다면 세 가지 이상의 증거와 말씀을 주세요. 하나님의 뜻이 아니어도 세 가지 이상의 증거와 말씀을 주세요."

분주한 아침을 보내고 있었는데 갑자기 한 여성 장로님이 떠올랐다. 사모축제도 끝나고 인사를 한번 드리려는 마음이 있었지만 평소 연락 드리는 것이 익숙하지 못해 마음이 불편한 상태로 시간을 보내고 있었다. 다른 때 같았으면 이래야 하나 저래야 하나 고민이 많았겠지만 이날은 생각이 나자마자 바로 문자메시지를 보냈다.

"장로님! 오늘 갑자기 장로님 얼굴이 떠오르네요. 한번 뵐 수 있을까요?"

"무슨 일로 보기 원하세요?"

"무슨 일이 있는 것은 아니고요. 그냥 한번 뵈었으면 합니다."

그렇게 오후에 만나서 장로님과 점심을 먹기로 했다. 감사의 마음을 전하고 헤어지려고 하는데 장로님이 이런 말씀을 하신다. "'김혜한 선교사를 왜 만나야 하나요?'라고 하나님께 질문했어요. 그랬더니 하나님께서 살림하다 아껴둔 비상금을 주라는 마음을 주셨어요." 장로님이 내게 개인적으로 물질을 지원한 적이 없기에 조금 당황스러움을 느끼고 있던 찰나, 이어서 하신 말씀이 오래도록 기억에서 떠나가지 않았다. 장로님은 하나님께 이어서 여쭙기를 "우수리는 뗄까요?"라고 물으셨다고 하신다. 그러자 하나님이 "아니다. 우수리도 떼지 말고 다 주어라"라고 말씀하시는 것 같아서 다 들고 왔다고 마음을 나눠 주셨다.

다음 날, GBS 글로벌 방송 세미나가 있어서 참석했다. 글로벌 방송 한국 후원 회장님이자 미바 화장품 사업주 강석창 회장님이 강사로 참석해 밴쿠버 시장을 겨냥한 미바 화장품의 비전을 공유해 주셨다. 강의를 듣는데 '유치원 교사 자격증을 받으려면 시간이 걸릴 테니 그전까지 화장품을 팔아 본 경험을 살려서 이 화장품을 밴쿠버에 정착시키는 일을 하면 어떨까?' 하는 생각이 들었다. 강의가 끝난 후 회장님께 그 일을 내가 하면 어떻겠느냐고 물었다. 그러자 회장님이 내게 이렇게 말씀하셨다. "선교사가 화장품을 판매하면 사람들이 오해하지 않겠어요?" 그 말을 듣자마자 '하나님이 사역에 집중하라고 하시는 말씀인가?'라는 생각과 함께 "네가 이 땅에 온 목적은 사업이 아니라 사역이잖니!"라고 말씀하시는 것 같았다.

기도한 지 이틀 만에 두 가지 사건이 연속으로 일어났다. 세 가지 이상의 메시지를 주시도록 기도했으니 어떤 일들이 일어날지 아직은 기다려야 했다. 하나님이 어떻게 하실지 알 수 없고, 나에게 일어나는 사건을 바르게 이해하고 해석해야 하니 극도로 긴장됐다.

내게 일어나는 일들을 통해 이 사역이 하나님이 원하시는 일인지, 그 일들을 바르게 해석하고 있는지 고민하며 말씀으로 확답을 받고 싶었다. 주의 뜻이 무엇인지 기다리는 중에 주일예배를 위해 교회에 갔다. 담임목사님께서 몇 주째 '하나님의 이름'을 주제로 설교 중이셨다. 많고 많은 날 중에 왜 그날 설교 제목이 "여호와 이레"였을까? 나는 또 한 번 놀랐다.

예배 후 여성 전도사님을 만났다. 몇 주 전부터 만나자고 하셨지만 도저히 시간이 안 되어 뵙지 못하다가 예배 후에 겨우 시간을 내게 되었다. 전도 여행을 앞둔 전도사님이 헌금이라며 봉투를 내게 건네셨다. 만남이 계속 미루어지다가 딱 그날 만나게 된 것은 하나님이 그 마음을 보여주고 싶으셨던 것일까? 그럴 수도 있고 아닐 수도 있기에 혼자 마음으로 품기로 했다.

이 모든 일이 사모님들을 섬기는 일이 하나님의 뜻인지 알고 싶다는 기도를 시작하고 삼 일 만에 이루어졌다. 사모 사역이 내게 맡기신 일이라는 것을 부정할수록 하나님이 원하시는 일이라는 생각이 더욱 강하게 든 것은 왜일까?

그 이후에도 며칠간 나는 사사건건 "이렇게 하시면 사역을 하지 말라는 뜻으로 알게요" 하며 사모 사역을 하지 말아야 할 이유를 찾았다. 그러나 신기하게도 이 시기에는 단 하나의 사건에서도 사모 사역을 하지 말라는 사인이나 근거를 찾을 수가 없었다.

사역을 하면서 기쁠 때는 그야말로 못 할 일이 없다. 그러나 지칠 때는 내게 왜 이런 사역을 맡겼는지 모르겠다고 느껴질 때가 있다. 또 자존감이 바닥으로 떨어지면 내가 사모들을 정말 사랑하는지 의문도 생긴다. 그런데도 본능적으로 사모님들에게 마음이 가고 반응하는 것이 신기하다. 내 안에 있는 사랑이 아닌 하나님으로부터 온 사랑이 그렇게 반응하고 일하게 한다는 것을 늘 깨닫는다. 사모님들과 관계된 일에 반응하고, 그분들에 대해 사랑과 긍휼의 마음이 일어나며, 부모와 자녀의 필요보다 그들의 필요를 살피는 내 자신을 볼 때 이것은 분명 그저 사역이 아니라 사명이라는 것을 느낀다. 이 일은 인간적인 마음으로 할 수 있는 것이 아니라는 마음이 든다. 사명은 나의 존재 이유이며, 내가 살아가는 이유이기 때문이다.

하나님의 뜻을 확인하는 시간을 가진 후, 우리 가족은 밴쿠버에서 부르심을 따라 선교사로 살아가는 동안 다른 이들의 말이나 환경의 어려움에도 흔들리지 않는 힘을 다시 얻었다. 하나님의 뜻을 점검하면서 이제 다시는 사역을 할지 말지 묻는 날이 있어서는 안 되겠다고 다짐한다.

나의 연약함 때문에 또 넘어져 낙심하는 일이 생길 수도 있다. 그러나 내게 일어나는 모든 일은 나의 범사를 책임지시고 간섭하시는 하나님의 개입에 의한 것임이 분명하다. 마음에 일어나는 갈등은 나의 자아를 죽이라는 메시지이고 쓸데없이 뻗어 있는 가지를 자르라는 뜻이다. 그러므로 갈등의 시기는 겸손의 무릎으로 주 앞에 앉으라는 뜻으로 받아야 할 것이다. 마음에 갈등이 일어날 때, 지금까지의 점검의 시간을 다시 떠올리며 주님 앞으로 나아오라는 것으로 알고 엎드려야 할 것이다. 하나님을 신뢰함으로 견뎌야겠다. 견디는 것도 실력이니까!

밑 빠진 항아리에 물을 붓고, 생명을 잉태하듯 사랑으로 섬긴다는 것이 늘 내 맘 같지는 않다. 그래도 이제는 두려워하거나 움츠러들지 말고 정현종 시인의 글처럼 사모님들을 끌어안을 때 팔이 엿가락처럼 늘어나는 사람이 되면 좋겠다고 기도한다.

물 떠온 하인만 아는 비밀

"찾았다!" "나도!"

여기저기서 평소보다 한 옥타브 높은 목소리기 들려온다. 어릴 적 운동회 때나 소풍에서 많이 하던 놀이다. 보물찾기 보물을 찾았을 때는 흥분과 감격, 가슴 뛰는 설렘이 있었다. 보물 쪽지는 주로 나무 아래 떨어진 솔잎 사이에 끼워져 있었다. 때로는 소나무 껍질을 들추면 거기에 살짝 끼워져 있기도 했다. 또 바위틈 사이와 작은 돌멩이 밑에도 있었다. 여기저기서 들려오던 "찾았다!" 하는 외침과 그 소리를 듣고 부러운 마음에 어디서 찾았는지, 그 말이 정말인지 "어디? 어디?" 하면서 모여들던 친구들….

보물찾기 게임의 목적은 사람들이 보물을 찾도록 하는 것이다. "누군가 제발 나를 찾아줘"라고 말하듯 어렵지 않게 발견할 만한 장소에 보물 쪽지를 숨겨둔다. 쪽지를 숨겨 놓은 선생님은 우리가 그것을 잘 찾아내기를 그저 흐뭇한 미소를 지으며 바라보셨다. 보물찾기는 선물을 즐겁게 얻게 하는 놀이다. 보물을 갖기 위해서는 반드시 찾아다녀야 한다. 그런데 선생님이 숨겨 놓은 범위를 설명해 주셔도 꼭 엉뚱한 곳을 뒤지는 사람이 있다. 이때 가만히 앉아 있거나 정해 놓은 장소를 벗어나면 국물도 없다.

어느 주일예배 시간에 왕의 명령에 순종한 종의 이야기를 들었다. 그 왕은 세 명의 종에게 깨진 항아리를 주면서 우물 물을 길어다 채우라고 하였다. 첫 번째 종은 처음부터 말도 안 된다고 생각하면서 시도조차 하지 않았다. 두 번째 종은 '무슨 이유가 있겠지' 하며 처음에는 순종을 했다. 하지만 밑 빠진 독에 물을 붓는 어리석음에 중도에 포기한다. 그리고 세 번째 종은 바보 같다는 사람들의 조언에도 채워지지 않는 항아리에 묵묵히 물을 길어다 부었다. 쉬지 않고 밑 빠진 항아리에 물을 부으니 우물의 바닥이 드러나기 시작했다. 드러난 우물 바닥에서 금괴가 보였고, 그 종은 그 금괴를 꺼내어 왕에게 가져갔다. 종들의 순종을 보기 원했던 왕은 자신의 말에 순종한 종에게 그 금괴를 주었다는 것으로 이야기는 끝난다.

대부분의 사람은 우물 바닥의 금괴에 귀가 솔깃한다. 순종을 원하시는 하나님의 마음보다는 내게 그런 금괴를 주시지 않는 하나님에 대해 섭섭해한다. 그래서 아버지의 뜻과 계획에 대한 순종보다는 내게 주어진 금괴로 아버지의 사랑을 재기도 한다. 물질적인 것에 특별한 의미를 둔 나머지, 선물을 주신 하나님보다 선물 자체에 초점을 맞추는 사람들을 보는 것은 마음 아픈 일이다.

그리스도인들은 이미 예수 그리스도를 선물로 가진 자다. 그럼에도 우리는 주님으로부터 또 다른 특별한 선물을 기대한다. 그것은 물질일 수도 있고, 자녀가 잘되는 것일 수도 있으며, 병이 낫는 것일 수도 있다. 그러나 하나님의 자녀라는 이유로 주시는 선물인 위로와 은혜는 아버지의 크심을 다시 고백하게 한다. 집 떠난 탕자와 같은 마음을 가지고 있을 때나, 돌아온 탕자의 마음으로 살아갈 때도 아버지는 한없는 사랑으로 함께하신다.

나는 믿음의 길은 이렇게 주님이 숨겨 놓은 보물을 찾아 떠나는 여행 같다는 생각을 자주 한다. 하나님이 나를 위해 준비한 보물을 찾으러 가려면 하나님이 정하신 규율을 지켜야 한다. 그러면 보물은 반드시 얻게 된다.

나에게는 나만이 아는 보물이 가득하다. 세상이 말하는 보물은 아니지만 인생의 고개를 넘어갈 때마다 보물찾기 하듯 받은 주님이 주신 선물들이다. 쪽지를 숨겨 놓은 그곳까지 가지 않았으면 받지 못했을 것들이다. 그 쪽지를 펼쳐보기 전까지는 그 선물이 무엇인지 알 수 없는 보물들이었다. 이것은 주신 분과 받은 사람만 아는 비밀스러운 선물이다. 그분께서 정하신 순종이라는 열쇠로 보물을 열어보기까지는 누구도 알 수 없다. 이것은 세상의 것과는 달라서 없어지지도 않고, 그 누구도 대신 받거나 가져갈 수도 없다. 그 선물은 그것을 받은 사람의 영원한 소유가 되며, 누가 훔쳐갈까 혹은 녹슬지 않을까 염려하지 않아도 된다. 괴도 루팡일지라도 훔쳐갈 수 없는 것이 하나님이 주신 보배다.

우리를 사랑하시는 아버지는 우리가 이 땅에서 사는 동안 계속해서 우리에게 선물을 주실 것이다. 선물에는 천국에 합당한 자녀로 훈련되는 과정에서 다음 단계로 넘어갈 수 있도록 용기와 힘을 주시는 아버지의 마음, 그리고 천국에서 더불어 살아가기를 원하는 아버지의 소원이 담겨 있다. 하나님이 주시는 선물은 우리의 믿음에 대한 격려이고 사랑의 표시이며, 우리의 필요를 채우는 아버지의 사랑이다. 사실 이 땅의 선물은 없어질 것들이다. 나는 나의 보물찾기가 이 땅의 없어질 것들이 아니라 주님과의 친밀함으로 얻어지는 보물을 찾는 여정이 되기를 소망한다. 물 떠온 하인의 자세로 순종하는 삶은 선물 되신 예수님의 기적과 기쁨을 계속해서 경험하게 할 것이다. 나는 물 떠온 하인만 알듯 나만 아는 그 자리에, 그리고 "너는 여기에 있으라"고 하시며 주님께서 줄로 그어준 자리에서 오늘도 보물찾기 중이다.

> "내게 줄로 재어 준 구역은 아름다운 곳에 있음이여 나의 기업이 실로 아름답도다"(시 16:6).

2장

내 손바닥에 너를 새겼고

● 나의 어린 시절 ● 아이들이 할아버지, 할머니를 만나듯 ● 상실
● 나의 나 된 것은 주님의 은혜라 ● 더 나은 본향을 사모하며
● 요셉을 양 떼같이 인도하시는 이스라엘의 목자 ● 깨진 도자기였
던 나 ● 내 손바닥에 너를 새겼고

나의
어린 시절

"이거 가져다 문에 붙여라! 비싸게 산 거다."

어머니는 진노랑 창호지에 빨간색으로 이상한 모양의 글씨가 쓰인 종이를 손에 쥐어 주셨다. '왜 많은 형제들 중에 맨날 나냐고…' 나는 속으로 불평하며 그 누런 종이를 받아 들었다. 어머니는 매년 새해가 되면 점을 보고 부적을 사 오셨고, 봄이 오면 또 철학관이라는 곳에 가서서 '입춘대길'(立春大吉)이라고 크게 쓴 부적도 사 오셨다. 그리고 문이나 장롱 뒤에 붙이라고 하셨다.

하나님을 믿지 않는 가정에서 5남매 중 넷째로 태어난 나는 어린 시절부터 순해서 부모님께 칭찬을 받으며 자랐다. 늘 바쁘셨던 부모님은 어디서 들으셨는지 "교회에 가면 좋은 말을 많이 해준다니 교회에 열심히 다녀라"라고 말씀하셨다. 그래서 우리 5남매는 각자의 삶에 대한 결정을 스스로 하기까지 모두들 교회에 열심히 다녔다. 안타깝게도 언니, 오빠들은 중고등학교 시절을 거치며 교회를 떠났다.

자녀들에게 교회에 다니라 하면서도 정작 부모님은 교회에 가는 것을 불편해하셨다. 부모님은 지인의 초대로 여러 번 교회에 가셨지만 교회만 가면 수면제를 드신 것같이 졸리고 깜빡 졸다 보면 어느새 집으로 돌아올 시간이었다고 하셨다. 교회에 초대한 지인에게 졸고 있는 모습을 보이는 것이 민망하셨는지 두어 번 다녀 오신 후에는 가지 않겠다고 하셨다.

나는 어머니 말씀대로 교회를 정말 열심히 다녔다. 부적을 우상숭배라 생각하여 어머니가 안 보실 때면 그 부적을 뜯어 티 나지 않도록 아주 작게 구겨 휴지통에 버렸다. 부적을 볼 때마다 뜯어 열심히 버린 기억은 나는데 어머니는 한 번도 부적이 어디 갔냐고 물으신 적이 없었다. 비싸게 산 부적이니 누군가 그 부적을 떼어 버렸으리라곤 꿈에도 생각하지 않으신 것 같다. 내가 부적을 뜯어 버렸다는 것을 알았다면 따뜻하지만 한편으로 불 같은 이미니 성격에 아마도 난 살아 남지 못했을 것이다.

나는 교회를 정말 좋아했다. 교회에 가면 선생님들은 항상 웃으며 학생들을 아들, 딸같이 맞이해 주셨다. 일하고 늦은 밤 귀가하는 어머니의 얼굴을 자주 보기 어려웠기에, 우리의 있는 모습 그대로 사랑해 주시고 환영해 주시던 어머니 같은 분들이 계시는 교회가 좋았다. 항상 기도해 주고 사랑한다며 안아주시는 선생님을 마다할 어린아이는 아마도 없을 것이다. 언제나 우리를 환영해 주는 교회가 편안했다. 그래서 교회의 마당은 내 앞마당이고, 그 큰 예배당은 내 집이었다.

당시 교회 행사들은 지금도 잊히지 않는 추억으로 머릿속에 남아 있다. 나는 방귀에서 냄새가 난다는 이유로 삶은 달걀을 싫어했는데, 부활절 때마다 주시는 삶은 달걀만큼은 꼭 받아서 집에 가져가곤 했다. 선생님들이 애써 꾸민 예쁜 달걀을 할머니께 드리려고 한걸음에 집이 있는 언덕을 달려 올라갔던 기억이 지금도 생생하다. 어린 마음에 할머니에게 무엇인가 드릴 수 있었던 것이 신났다.

추수감사절 때는 온 교회를 채우고도 남을 정도의 가을 채소와 과일들이 알록달록 화려하게 강대상 주위를 가득 채웠다. 성탄절 칸타타와 성극 또한 잊을 수가 없다. 주인공은 아니었지만 천사가 되기도 하고 목동이 되기도 했던 많은 추억이 떠오른다.

성탄 축하 예배 후 우리는 모여서 게임을 하며 밤을 꼬박 새운 뒤 새벽송을 부르러 갔다. 공부를 하려면 그렇게 졸린데 그 밤에는 교회 언니, 오빠들과 함께하는 시간이 그렇게 재미있을 수가 없었다. 자정부터 돌았던 새벽송도 눈에 선하다. 한겨울 밤, 눈이 내린 미끄러운 그 길을 추운 줄도 모르고 언니, 오빠들을 따라 어쩌면 그렇게 잘 걸었는지… 또 새벽송 중에 들어간 장로님 댁에서 주신 뜨거운 코코아를 호호 불며 먹었던 기억도 잊지 못할 따뜻한 추억 중 하나다. 문학의 밤이나 말씀 암송대회, 찬양대회 등 수없이 많은 추억은 나를 나 되게 하는 시간이었다. 그러다 중학교 2학년 때 세례를 받으면서 하나님은 나를 향한 그분의 사랑의 도장을 찍으셨다. 절대 다른 곳으로 눈을 돌리지 못하도록 하셨다.

주님의 인도하심과 계획이 나를 그렇게 교회로 이끄셨다. 어머니가 가라고 해서 교회에 가고, 내가 좋아서 교회에 간 것 같은데 사실은 하나님의 섭리하심이 있었던 것이다. 나를 향한 하나님의 사랑과 계획이 나를 교회에 가게 했고, 자녀 삼기 위한 과정이었다는 것을 세월이 흐르니 더욱 깨닫게 된다. 나를 눈동자같이 지키신 하나님이 나를 살게 하고 나의 존재의 이유가 되었다. 예수님이 아니면 안 되게 하셨다. 하나님을 믿지 않는 가정에서 자랐지만 평생을 교회 문화 속에 있게 하신 하나님의 놀라운 계획과 인도하심에 감사와 감탄을 금할 수가 없다.

아이들이 할아버지, 할머니를 만나듯

"누가 먼저 나와볼까? 학교에서 배운 거 한번 자랑해 보렴."

성인이 된 후 각자의 삶이 바빴던 우리 5남매는 명절이나 부모님 생신 때 겨우 다 같이 모였다. 식사를 맛있게 하고 할아버지, 할머니를 중심으로 거실에 둥그렇게 둘러앉았다. 5남매의 자녀까지 모이니 한 명도 빠지지 않으면 20여 명이 되었다. 오랜만에 만나 어색하기 짝이 없는지 우리 두 딸도 서로 손을 꼭 잡고 한 마음이 되어 앉아 있는 모습이 사랑스러웠다. 할머니는 손주들이 학교에서 배운 것을 자랑하길 원하셨고, 앞에 나선 손주에게는 선물을 주겠다고 하시며 기다리셨다. 아이들은 쭈뼛쭈뼛 누가 먼저 나갈지 서로 눈치를 보다가 먼저 용기를 낸 아이가 씩씩하게 나가서 노래를 부르면 그 뒤로 줄지어 노래도 부르고 피아노도 치면서 솜씨를 자랑했다. 동시를 암송하기도 하고 재미난 이야기로 할아버지, 할머니를 기쁘게 해드리는 모습을 보면 부모로서 뿌듯했다. 어색하고 불편할 것 같은 그 시간에 아이들은 자기에게 집중된 시선을 잘 견뎌내고 할아버지, 할머니 마음을 흡족하게 해주었다.

할아버지, 할머니는 누가 잘했다 혹은 누구보다 누가 더 잘했다고 판단하지 않으셨다. 무조건 잘했다고 칭찬하면서 만 원짜리 지폐 한 장을 아이들 손에 쥐어 주셨다. 잘 자란 아이들을 보시며 자랑스러워하셨고 뿌듯해하셨다. 아이들은 할아버지, 할머니 앞에 서 있다는 이유만으로, 그동안 건강하게 잘 자랐다고 칭찬을 받았다. 경쟁도 없고 비교도 없었다. 가족 모임은 그렇게 만남 자체로 즐거웠다.

현대 사회로 갈수록 예배 문화도 많이 바뀌고 있다. 살다 보니 예배드리는 것조차 헌신과 결단이 필요하다는 것을 배운다. 요즘같이 바쁜 현대 사회에서는 공예배 시간에 예배의 자리만이라도 지킬 수 있다는 것이 은혜이며 감사의 조건이 되어버렸다. 적어도 공예배는 자기가 속한 본 교회에서 드리려고 애쓰셨던 신앙의 선배들의 결단이 쉬운 일이 아니었다는 것을 실감한다. 출장이 잦았던 내가 아는 한 장로님은 해외로 출장을 갈 때를 제외하고는 아무리 먼 지방 출장이라도 주일에는 꼭 본 교회로 돌아와 예배를 드리려고 애를 쓰셨다고 한다. 장로님은 예배를 위해 헌신과 결단을 하신 것이다.

하나님이 원하시는 예배는 어떤 예배일까? 찬양 받으시기 합당한 하나님을 예배하는 자리가 부담스럽고 불편한 요즘 시대에 젊은이들에게는 예배가 어떤 모습으로 비치고 있을까? 예배에 대해 게을러지고 마음의 자세가 흐트러지려 할 때마다 나는 손자손녀들이 앞에 섰을 때 기뻐하던 할아버지, 할머니의 모습과 출장 중에도 예배만큼은 본 교회에서 드린다던 장로님을 떠올리곤 한다. 그 모습이 우리를 만나기를 기뻐하시는 하나님의 모습과 겹쳐진다.

아이들에게 그 자리가 할아버지, 할머니를 존경하고 인정하는 자리, 그분들을 기쁘게 해드리고 싶은 마음이 있는 자리, 기쁨의 소통과 교제가 있는 자리였던 것처럼, 우리의 예배가 하나님을 만나는 자리가 되었으면 좋겠다. 아이들의 마음이 할아버지, 할머니에게 온전히 집중되었던 것처럼 우리의 마음이 우리의 마음이 하나님께 언제나 집중하면 좋겠다. 하나님의 칭찬이 그리워 달려가면 우리를 열렬히 환영하고 사랑하는 하나님을 만날 수 있는 예배의 자리였으면 좋겠다.

날씨가 좋아져 나들이를 가고 싶어지는 밴쿠버의 여름이다. 코로나 바이러스 때문에 대면 예배가 어려워지는 현실 속에서도 주님은 우리를 찾고 기다리고 계실 것이 뻔하다. 혹 모여서 드리는 예배도 아니니 '예배 한 번 빠진다고 무슨 일 있겠어?'라고 생각할 수도 있다. 그러나 주님은 지금도 우리를 찾고 기다리고 계신다. 교회에 빈 자리가 많아지고 공예배가 등한시될 때, 그럼에도 예배의 자리에 나온 자녀들을 기쁨으로 바라보는 하나님 아버지의 그 모습이 오랜만에 만난 손주들을 보며 자랑스러워하는 할아버지, 할머니의 모습과 흡사한 것 같다. 높고 높은 하나님을 어디서나 찬양하고 예배할 수 있지만 적어도 공예배 시간만은 주님의 것으로 드리고, 예배는 하나님의 자녀가 마땅히 누려야 할 복임을 알아야 할 것이다.

"예배는 만남에 관한 것, 곧 하나님의 임재로 들어가는 일이다"(잭 헤이포드).

상실

내가 어릴 적에 있었던 일이다. 할머니가 어머니와 다투신 다음 작은아버지 댁으로 가셔서 몇 달 동안 돌아오지 않으셨다. 방에서부터 골목까지 할머니를 쫓아갔지만 화가 나신 할머니는 뒤도 안 보고 휑하니 가버리셨다. 그 시절 할머니의 존재는 바쁜 어머니로 인해 채울 수 없었던 사랑 그 자체였기에 그 일은 아직까지도 내 머리와 가슴에 깊이 남아 있다. 어린 나로서는 어떻게 할 수 없는 큰 상실이었고 상처였다. 지금도 할머니가 떠나간 그 길목을 따라가면서 울던 예닐곱 살 때의 내 모습이 눈에 선하다.

우리는 모두 살면서 의도하지 않은 상실에 맞닥뜨린다. 한 줄, 두 줄 늘어가는 주름과 한 움큼씩 빠지는 머리카락은 누구도 피해갈 수 없고, 사업의 실패는 생각보다 더 많은 것을 앗아가기도 한다. 제일 아끼는 물건을 잃어버렸을 때나, 사랑하는 사람의 식은 마음을 잡을 수 없을 때도 우리는 상실을 경험한다. 어느 것으로도 대체할 수 없는 상실도 있는데, 부모나 형제, 친구의 죽음이 그것이다. 상실은 슬픔, 외로움, 우울함, 분노 등 다양한 양상으로 나타나며 상실로 인한 구멍은 우리의 일부가 된다. 무엇으로도 그 공허함을 메울 수 없어 그 상처가 우울증이나 더 큰 병으로 이어지기도 한다. 우리는 사람이기에 남녀노소 할 것 없이 상실에 마음 아파하고 상처를 입는다. 상실의 고통 속에 있는 사람에게 "고난은 축복이다, 감사해라, 기도하면 된다"라는 말은 더 큰 상처가 된다. 상실은 그것보다 더 큰 하나님의 사랑을 경험하지 않는 한 다른 무엇으로도 대체되지 않는다.

우리는 이 세상을 살아가면서 누구나 예외 없이 상실을 경험하며, 지금도 상실의 시기를 지나고 있는 사람이 있다. 이때 우리가 기억해야 할 것은 우리 예수님도 상실을 경험하신 분이라는 사실이다. 예수님도 인간으로 사셨다. 예수님도 가장 가까운 제자들로부터 배신 당하는 상실을 경험하셨다. 그리고 스스로 선택하셨지만 하나님 아버지로부터 버림받기까지 하셨다.

그러므로 예수님은 우리가 이 땅에서의 상실을 극복할 때 바라보아야 할 모델이며, 그것을 가능하게 하는 힘의 원천이 되신다. 예수님은 이미 우리를 구원하시기 위해 십자가에서 피 흘려 죽으셨으며, 그 피로 우리의 아프고 쓰린 상실의 구멍을 메꿔 주셨기에 우리는 그 사랑으로 평안과 위로를 얻은 행복한 사람들임을 기억해야 한다.

상실을 겪고 난 후 그것과 똑같은 것을 다시 얻을 수는 없지만 내게 주신 많은 것에 시선을 돌리면 이미 넘치게 주신 은혜를 발견하게 된다. 그리고 없어질 것에 연연하는 인생이 아닌 하늘에 소망을 두는 사람으로 변화되어 간다. 유한한 땅의 것의 상실을 통해 하나님을 바라보게 된다면, 상실로 인한 상처도 하나님의 뜻을 발견하게 하는 의미 있는 시간이 될 것이다.

사랑하는 가족의 죽음으로 고통받던 어떤 강사가 삶의 의미를 잃고 방황하다 자살하기 위해 여행을 떠났다. 거기서 우연히 여섯 살 정도 되어 보이는 어린아이가 자기 몸뚱이만 한 과자봉지를 들고 뛰어다니는 것을 보았다. 꼬마는 누나를 피해 도망다니다 그만 넘어졌고, 그 바람에 봉지에 든 과자가 바닥에 다 쏟아져 버렸다. 바닥에 떨어진 과자를 먹겠다고 울며 자리를 떠나지 않는 동생에게 누나가 하는 말이 들렸다. "먹지도 못할 과자 때문에 왜 그러니? 집에 더 맛있는 게 있는데!" 그제야 동생은 훌쩍거리며 누나 손을 잡고 그 자리를 떠났다.

내게도 다양한 상실로 인해 견딜 수 없는 아픔으로 빈 가슴을 끌어안고 몸부림쳤던 순간들이 있었다. 그러나 빈 가슴을 채울 수 있는 것이 세상 어디에도 없다는 것을 발견한 순간, 그 자리에 예수님이 계셨고 그 상실이 더는 내게 상처 난 구멍으로 남지 않았다. 우리는 나그네 같은 이 세상을 살아갈 때 상실로 인한 아픔을 누구나 경험할 것이고, 상실은 소리 없이 갑자기 찾아올 수도 있다.

정든 사람을 떠나 보내는 것은 쉽지 않다. 그러나 그때마다 위로하시는 예수님 앞에서 충분히 아파하고 충분히 울자. 우리도 과자를 바닥에 쏟았던 그 아이처럼 상실의 순간이 올 때, 아이의 집에 준비되어 있던 맛있는 간식처럼 하나님의 위로가 준비되어 있음을 생각한다면, 비록 지금은 아파서 울고 있을지라도 일어설 힘을 얻을 수 있을 것이다. 하나님 아버지가 준비한 천국의 위로를 생각할 때 그 상실의 구멍이 나의 전부가 아니라는 것을 깨닫게 될 것이다.

"슬픔은 좋은 것이다. 슬픔은 우리가 삶의 전환기를 통과하는 방식이 된다"(릭 워렌).

나의 나 된 것은 주님의 은혜라

"하나님 앞에 인생을 드릴 헌신자는 지금 일어나십시오." 김준곤 목사님은 이날 젊은이들에게 강력하게 도전하셨다. 고등학교 2학년이었던 그때 나는 교회 고등부 언니, 오빠들과 CCC에서 주관한 '80세계복음화대회-나는 찾았네'에 참석하고 있었다. 4일간의 집회 마지막 날 하나님 앞에 인생을 맡기는 헌신의 서약을 했다. 나는 그날 무엇에 이끌리듯 선교사로 헌신하기로 결단하며 일어났다. 지금도 그때의 떨림이 생생하다. "주님, 저를 선교사로 드립니다." 헌신과 결단의 그 순간을 기억한다.

중학교 2학년 가을, 추수감사주일에 세례를 받았다. 미션스쿨인 이화여고를 다니며 매주 가진 채플과 성경 시간은 나의 신앙이 깊어지도록 허락하신 말씀 훈련의 시간이었다는 것을 나중에 알게 되었다. 돌아보면 그 시간은 하나님을 믿지 않는 가정에서 성장한 나를 위한 하나님의 보호였고 돌보심이었다.

선교사가 되려면 신학교에 가야 한다고 생각했다. 고등학교 3학년 때 중고등부 담당 목사님을 찾아가 나의 비전을 나누었고, 이를 위해 신학을 전공하고 싶다고 말씀드렸다. 내가 신학을 해야겠다고 생각한 그 시기는 신학을 전공하는 여성들이 별로 많지 않을 때였다. 목사님은 신학을 전공해도 목사 안수가 쉽지 않으니 기독교 교육과로 가는 게 좋겠다고 추천하셨다. 그래서 그해 나는 우리 교회가 속해 있는 총신대학교에 지원했다. 기독교 교육과로 마음을 정하고 입시를 치를 예정이었으나, 내가 입학한 해만 1학년 때는 전반적인 것을 배우고 2학년 때 구체적인 전공을 정할 수 있는 계열별 전형으로 학생을 뽑았다.

입학 후 파이디온선교회에서 활동하게 되었다. 초창기 선배님들이 파이디온을 세우기까지의 치열한 헌신의 과정을 전해 들으며 어린이 교육의 중요성을 피부로 느낄 수 있었다. 그다음 해에 과를 선택해야 할 때 고민할 필요가 없었다. 나는 신학과도, 기독교 교육과도 아닌 기독교 유아교육과로 전공을 결정하게 되었다.

생각하지도 못했던 기독교 유아교육을 선택하고 공부하면서 유아기에 대해 체계적으로 배우고 이해할 수 있었던 기회가 하나님의 특별한 인도하심이었다는 것을 계속해서 인정하게 되었다. 믿음으로 자녀를 키우고 말씀으로 훈련하며 생명 되신 예수 그리스도를 나이에 맞게 전할 수 있었던 것은 유아교육을 전공한 덕에 가질 수 있었던 특권이고 은혜였다. '내 앞에서 나를 인도하시는 하나님은 내가 여성에 대한 소명을 갖기 전 그때 이미 나를 향한 청사진을 가지고 있었구나'라고 고백하게 된다.

나를 향한 주님의 예비하심과 인도하심은 나에게는 기적 같은 하나님의 청사진을 따라 사는 기쁨을 주었다. 그뿐 아니라 기독교 유아 교육을 공부한 덕에 자녀를 어떻게 키워야 할지 고민하는 여성들에게 세상의 방법이 아닌 말씀으로 도움을 줄 수 있었다. 하나님은 내게 배우고 익히게 한 모든 것을 버리지 않고 사용하시는 분이시다.

어린 시절부터 하나님을 믿었으니 50여 년을 성도로 살았다. 어려서부터 함께 교회를 다니던 언니, 오빠들은 중고등학교를 다니면서 서서히 교회를 떠났다. 언니, 오빠들은 떠나갔지만 나는 신기하게도 언제나 교회의 예배실에 앉아 있었다.

하나님은 어려서부터 나를 특별하게 관리하신 것 같다. 겁이 많고 여린 성격이었지만 오히려 그랬기에 항상 하나님께서 하시는 말씀이 무엇일지 궁금해하며 기대했다. 어린아이기 이렇게 엄마를 기쁘게 해드릴까 하는 것처럼 나 역시 어떻게 하면 하나님을 기쁘게 해드릴 수 있을지 부족하지만 늘 고민했다. 나의 고민으로 그 길을 걸은 줄 알았는데 이제 와보니 나의 마음을 긍휼히 보신 하나님의 열심이 나를 인도하셨다. 상 주기를 기뻐하시는 하나님은 완벽한 청사진을 갖고 개입하셔서 나를 사명의 길로 인도하셨다. 우리 가정에서는 나를 먼저 부르셨지만, 하나님의 약속대로 우리 가족들을 언젠가는 다 부르실 것을 믿는다.

나는 내게 주어진 길을 간다. 주어진 길을 걸을 때마다 하나님이 주시는 역할에 충실하려고 애쓴다. 때로는 그저 그 자리에 서 있는 것만으로도 기뻐하실 줄 믿으며 내게 주어진 그 길을 간다. 부르신 자리에 서 있을 때 주님의 전쟁이 시작되며 그 자리에서 승리의 전리품을 취하는 자가 되게 하신다. 상담가 빌 길햄 박사의 "나는 너를 대신하여 그 모든 것을 할 것이다!"(I will do it all for you)라는 메시지는 나를 향한 하나님의 말씀이다. 언제나 옳으신 하나님을 신뢰하며 그렇게 걸어가면 언젠가는 천성에 다다르게 될 것이다. 나로부터 시작된 구원의 소식이 주님이 정하신 시간과 때에 온 집안 식구 한 사람 한 사람에게 전해질 것이다. 아버지의 성품을 따라 약속하신 것을 이루시는 하나님을 경험하는 즐거움은 생각만으로도 기쁘고 감사하다.

"그러나 내가 나 된 것은 하나님의 은혜로 된 것이니…내가 한 것이 아니요 오직 나와 함께하신 하나님의 은혜로라"(고전 15:10).

더 나은 본향을
사모하며

"이제 시작됐다!"

통나무 다리 중간쯤 도착했을 때, 먼저 와 있던 백발의 노인이 아래쪽을 바라보며 소리를 높인다.

올여름 심한 가뭄으로 바닥이 드러나 있을 개울을 생각하며 걱정스러운 마음으로 공원을 걸었다. 개울 근처를 걷다 보니 물소리가 힘차다. 다행히 10월 들어 내린 단비가 바짝 말랐던 계곡의 해갈을 도왔나 보다. 늘 이맘때가 되면 연어의 회귀를 집 근처 공원에서 볼 수 있다. 걸음을 멈추고 그 어르신 옆에 서서 모든 신경을 초집중하고 개울물의 흐름을 살폈다. 물의 흐름을 거스르며 뛰어오르는 연어가 보인다. 성인 남성의 팔뚝만 한 연어가 파드득거리며 올라오는데 연어의 등은 물 위로 반쯤 드러나 있고 사투를 벌이는 모습이 보인다. 목적지까지 가기 위해서는 울퉁불퉁한 바위를 치고 올라가야 하고 자갈이 드러난 바닥에 몸을 부대껴야 한다. 물의 상류로 올라가다 지치면 물의 흐름이 느린 후미진 곳에서 잠시 쉬며 숨을 고르고 또 오르기를 반복한다.

생명의 근원을 찾아 올라가는 연어의 사투는 감동을 준다. 어떤 상황에서도 재생산을 위한 출생의 장소로 가는 것을 포기하지 않는 모습이 장관이다. 자기가 태어났던 곳의 물의 지도가 유전인자처럼 몸에 새겨져 본능적으로 고향을 찾는다는 연어, 고향에 이르기 전까지 결코 포기하지 않는 연어의 돌파는 가히 신비하다.

며칠 후 공원을 다시 찾았다. 개울 근처 자갈밭에 연어가 머리가 터진 채로 죽어 있다. 물이 다 드러난 계단식 개울에서 뛰어 오르다 어딘가에 부딪혀 밖으로 나가 떨어진 게 분명하다. 어젯밤 내린 비로 불어난 개울물에 쓸려 내려가는 연어도 보인다. 개울의 비좁고 얕은 물은 그 어느 곳보다 위험이 크고 안전을 생각할 수 없는 곳이다. 올라가다가 먹이 사슬의 포식자인 곰에게 잡혀 먹힐 수도 있고, 무차별 포획으로 누군가의 식탁에 오르게 될 위험도 도사리고 있다.

연어는 알에서 깨어나 치어로 2~3년을 살다가 어느 정도 자라고 난 후에 바다로 나간다. 연어는 바다에서 짧게는 3년, 길게는 5년의 성숙의 시간을 보내며 고향으로 돌아갈 준비를 한다. 연어는 가야 하는지 말아야 하는지 고민하지 않는다. 연어는 고향에 가기 위해 태어난 존재다.

예수 그리스도의 유전인자를 가진 우리도 본향에 돌아가기 위해 태어났다. 자연과의 치열한 싸움 가운데 있는 연어의 모습은 성도들의 영적 전투의 현장과 닮았다. 세상도 우리가 어떻게 살아야 할지 고민하게 한다. 어떻게 살아야 할지 고민하는 것에는 과학과 인문학의 발달도 한몫한다. 유명 강사와 흥미로운 책들은 사람들의 관심을 쉽게 이끌어내며 다양한 매뉴얼을 사람들에게 제시한다. 그 고민들은 우리의 삶을 풍성하게 하는 것도 있지만 진리인 것처럼 포장되어 사람들을 혼란스럽게 하기도 한다. 과학이나 인문학은 크신 하나님의 지혜 중 극히 작은 일부다.

우리가 어떻게 살아야 할지에 대한 해답은 성경에 있다. 우리는 주 예수 그리스도를 유전인자로 본향을 향해 살아가는 존재다. 예수로 사는 것은 결코 어떤 상황에서도 포기할 수 없으며 또 포획자인 사탄의 눈에 쉽게 띄는 구별된 삶을 사는 것이다. 세상의 흐름을 거스르는 선택을 해야 하고, 본향으로 가기 위해 거친 바위와 물살보다 더한 고통을 견뎌내야 한다.

몸을 던지는 연어의 귀향은 그리스도인인 우리의 존재 이유와 이 땅에 살다가 본향으로 가야 하는 삶의 의미를 생각하게 한다. 연어는 생명 확장과 보존의 법칙을 따라 고향으로 올라왔다가 그곳에서 생애를 마치고 알들은 부화해서 어미가 살던 바다로 나간다. 세상에 사는 성도들은 모두 이민자들이다. 어려운 현실 속에서 고향을 그리워하는 모습은 천국을 그리며 사는 것과 같다.

본향을 생각할 때, 땅에서는 조금 부족하고 남들보다 근사한 차나 집이 없어도 괜찮다. 그저 남들보다 조금 불편하고 가끔 자식들에게 조금 미안할 따름이다. 그 또한 자녀들이 부모를 선택한 것이 아니기에 자녀 자신의 십자가일 수도 있다. 가난한 부모여서 미안하고 오랫동안 아파서 미안하다. 그러나 부끄럽지는 않다. 천국을 사모하며 살아왔으니 돈을 모으지 못한 것은 당연한 이치다. 잘 먹고 잘 사는 것에 목숨 걸지 않고 살아 계신 하나님과 천국을 사모하며 살아온 인생이 도리어 자랑이 될 것이고, 살아가는 데 엄청난 힘을 받게 된 것을 차차 알게 될 것이다. 무엇을 위해 살아야 하는지 삶으로 보여 주었으니 자녀들도 삶의 방향에 대해 갈등할 때 부모의 삶을 통해 천국을 사모하는 삶이 될 수 있을 것이기에 감사하다. 그 비밀을 다 가르쳐 줄 수는 없다. 자녀가 하나님 앞에서 씨름하며 부모가 만났던 하나님, 그동안 간증했던 하나님을 만나기를 기도할 뿐이다. 왜 연어가 물을 거꾸로 거슬러 올라 자기의 몸을 찢겨가면서까지 본향으로 가기를 애썼는지 새끼 연어는 모른다. 그러나 바다로 돌아갔다가 되돌아올 때 조금은 이해하게 되지 않을까?

본향으로 가는 길은 나를 사랑하시고 눈동자같이 지키시는 아버지와 함께하는 여행이다. 나를 위해 예비된 성으로 가는 여행이다. 그 아버지와 영원히 함께할 본향을 생각하니 기쁘고 감사하고 행복하다. 성도는 천국을 사모하며 예수의 보혈로 사는 것이 복이요 기쁨인 것을 날이 갈수록, 해가 바뀔수록 더욱 알게 하시니 감사할 뿐이다.

> "그들이 이제는 더 나은 본향을 사모하니 곧 하늘에 있는 것이라"
> (히 11:16).

요셉을 양 떼같이 인도하시는 이스라엘의 목자

야곱은 바로왕 앞에 섰을 때 스스로의 인생에 대해 "험악한 세월을 보내었나이다"(창 47:9)라고 고백한다. 내 삶에 대한 이야기를 들은 누군가는 이렇게 말한다. "험악한 인생을 살았군요." 한편 내 삶에 대해 알지 못하는 누군가는 이렇게 말하기도 한다. "어떻게 얼굴이 그렇게 환하죠? 고생 한번 안 해본 얼굴이에요." "가진 게 많아 보이는 얼굴이네요. 남을 도와줘야겠어요."

이렇게 기도했었다. "하나님! 아무리 힘들고 어려워도 얼굴에서 빛이 나게 해주세요. 하나님을 믿으며 걸어왔는데 그 얼굴이 불쌍해 보이면 남들이 뭐라고 하겠어요. '하나님 믿는 거 다 소용없더라. 얼굴 보니 엄청 고생한 얼굴이네. 하나님 믿는 사람이 아니네.' 저 이런 말 듣는 거 못 참습니다." 그런 말을 듣게 된다면 살아온 날이 억울할 것 같았다.

신실하신 하나님은 나의 기도가 찬송이 되고 노래가 되게 하시는 분이다. 약속하신 것은 반드시 이루셨고, 내가 기도하고 생각한 것보다 더욱 좋은 것으로 응답하시는 분이셨다. 그럼에도 내 앞길이 순탄한 것만은 아니었다. 벽을 긁고 바닥을 기며 주를 찾기도 하고, 누가 기도를 시킬까 봐 두려워 숨기도 했다. 나를 기쁘게 하지 않는 하나님 아버지의 관심은 거절하고 싶었고, 한없이 깊은 골짜기에서 언제쯤 평지로 올라갈 수 있을까 바라보며 깊은 한숨을 짓기도 했다. 아무 기력이 없어 팔을 올릴 힘조차 없었던 적도 있었다. 양가의 반대를 뒤로하고 부르심을 따라 온 밴쿠버에서의 생활이었으니 친정이나 시댁에 의지할 수도 없었다.

아무것도 할 수 없는 칠흑같이 어두운 터널 속에서 언제 끝날지 모르는 이 어둠이 그렇게 길게 느껴질 수가 없었다. 운신할 수 없는 답답함 속에서 그분의 음성을 기다렸지만 아무것도 들리지 않았고 시간은 멈춘 것만 같았다. 앞을 향해 가고 있는 것인지, 내가 걷고 있는 방향이 맞기는 한 건지도 모르면서 반드시 굴 밖에 빛나는 햇살이 있음을 믿는 믿음은 주님이 허락하신 선물이었다. 신기한 것은 폭풍우 한가운데를 지나는 것 같은 힘든 시간 중에도 햇살이 있다는 것을 의심한 적은 없다는 것이다.

단지 언제쯤 이 깊고 어두운 굴을 빠져나가게 될지 궁금했다. 한없이 긴 굴을 지나며 막막하고 견디는 것이 고됐다. 극복하지 못할 것만 같은 높아진 산이 평지가 되고 팬 골짜기마다 메꾸어질 날을 소망하는 기도는 현재의 고난이 미래를 살게 할 힘이 되고 능력이 될 것을 믿게 했다. 그저 신실하신 하나님 아버지의 이름만 부르며 그 신실하심을 보여달라고 기도했다. 그분만이 나의 온전한 피난처가 되어야 했고 다른 피난처는 생각해 보지도 않았다. 그 시간들을 지나며 인생은 철저하게 혼자라는 것을 배웠다. 그래야 하나님 앞에 설 수 있기 때문이리라.

누구의 말이나 도움이 있어서도 아니었고, 내 실력과 능력을 믿어서도 아니었다. 나는 능력도, 실력도, 자랑할 만한 것도 없다는 것을 잘 안다는 것이 내 실력이고 능력이었다.

나의 실력과 능력은 오직 변치 않는 하나님의 말씀뿐이었다. 요셉은 자신의 걸음이 이스라엘을 구원하기 위한 하나님의 계획 속에서 한 치의 오차도 없이 준비되고 인도되었다는 것을 믿었다. 형들의 미움을 받아 노예로 팔려가고, 오해를 받아 감옥에 갇혀 언제 죽을지 모르는 요셉에게 하나님은 언제나 함께하셨다. 하나님을 신뢰한 요셉은 불평하지 않았고 하나님의 때를 인내하며 기다렸다. 잔머리를 쓰거나 빠져나갈 구멍을 스스로 만들지 않았다.

'요셉을 양 떼같이 인도하신 이스라엘의 목자 되신 하나님'이라는 시편의 구절이 레마로 가슴에 들어온 날, 나는 뛸 듯이 기뻤다. 요셉을 그렇게 인도하셨으면 하나님은 나 또한 그렇게 인도하실 것이다. 하나님은 양 떼가 가야 할 길을 정확하게 알고 안전하게 보호하시는 분이시다. 목자가 양 떼를 푸른 초장과 쉴 만한 물가로 인도하듯 하나님은 이스라엘 백성들을 인도하셨다. 요셉을 인도하시고 이스라엘을 양 떼같이 인도하신 하나님은 지금도 계속해서 나를 인도하시는 아브라함과 이삭과 야곱의 하나님이며 나의 목자이시다. 나는 나를 양 떼같이 인도하실 하나님을 기대하게 되었다.

나도 그렇게 인도하실 것을 믿으며 지내던 어느 날 '그런데 왜 나를 인도하시는 것일까?'라고 스스로에게 질문했다. 그리고 답했다. '내 아버지시니까.' 그리고 이어서 떠오른 말씀이 어린 시절부터 늘 암송하던 시편 23편이었다. '자기 이름을 위하여!' 여호와는 나의 어떠함이 아니라, 양 떼에 속해 있는 양 한 마리인 나를 자기 이름을 위하여 사랑하시고 의의 길로 인도하시는 분이셨다. 자신의 이름 때문에, 자신의 성품 때문에 나를 의의 길로 인도하셔야 하는 분이다. 그 사실은 내게 힘이 되고 능력이 되었다. 그리고 내가 누구인지 알게 했다. 나를 끌고 가셔야 하는 하나님은 목자이시다. 어리석은 양이지만 나는 주인의 음성을 안다.

"요셉을 양 떼같이 인도하시는 이스라엘의 목자여 귀를 기울이소서 그룹 사이에 좌정하신 이여 빛을 비추소서"(시 80:1).

"내 영혼을 소생시키시고 자기 이름을 위하여 의의 길로 인도하시는도다"(시 23:3).

깨진 도자기였던 나

    도자기를 굽는 사람이 있었다. 어느 날 그는 심혈을 기울여 하나의 아름다운 도자기를 만들었다. 그리 화려한 것은 아니었으나 그 정밀함과 섬세함, 투명함은 지금까지 만든 그 어떤 도자기보다 아름다웠다. 주인은 그 도자기를 애지중지 아끼며 눈에 제일 잘 띄는 곳에 놓았다. 그 집을 방문하는 사람들은 모두 주인의 자랑인 그 도자기의 아름다움에 찬사와 감탄을 아끼지 않았다. 그 도자기는 장인의 자랑이요 기쁨이었다.

    어느 날 주인이 없는 동안 그 방을 정리하던 하인이 실수로 그만 그 도자기를 깨뜨렸다. 집으로 돌아온 주인은 그 깨진 도자기 조각들을 바라보며 망연자실하였다. 너무나 아끼던 도자기였기에 가슴이 찢겨져 나가는 것만 같았다. 그는 그 도자기 조각들을 차마 버릴 수가 없었다.

    그는 가슴이 찢어지는 고통을 견디며 도자기 조각들을 하나하나 붙여가기 시작했다. 참으로 오랜 시간이 걸렸다. 도자기를 빚을 때보다 더 긴 시간이 걸렸는지도 모른다. 그저 조각들이 잘 붙기를 바라는 간절한 마음으로 정성을 다해 붙여나갔다.

마침내 그 도자기는 퍼즐이 맞춰졌듯, 하나의 그림이 있는 모자이크가 완성되듯, 이전과는 다르지만 새로운 도자기로 탄생했다. 그 작업은 새벽이 되어서야 끝났다.

그 도자기를 바라보는 주인의 마음은 여전히 고통스러웠다. 아침 햇살이 창으로 들어오는 것조차 느끼지 못할 정도로 극도의 피곤함을 느끼며 소파에 기대어 앉은 그는 완성된 도자기를 통과해 나오는 빛의 프리즘을 보았다. 형형색색의 아름다운 빛이었다.

그리고 그제야 비로소 살며시 만족스러운 미소를 지었다.

새롭게 만들어진 도자기! 아침 햇살을 통과시키며 빛을 내는 그 도자기의 아름다움이란…. 주인은 버려질 뻔했던 도자기의 조각들이 이어져 햇살을 만났을 때 더욱 아름답게 빛나는 것을 보았다. 지금까지 자랑스럽게 여겼던 그 도자기가 아름다웠던 것은 한 줄기 햇살 때문이었다. 이제는 깨어진 사이사이로 수없이 많은 빛을 통과시키며 빛의 향연을 만들어내고 있었다.

주인은 그 도자기가 깨어짐과 만남이라는 과정을 통과하면서 지금까지의 그 어떠한 고통을 넘어선 아름다움의 극치에 다다르고 있음을 발견한 것이다.

깨어짐이 빛을 통해 재해석되는 순간이었다.

"사랑은 여기 있으니 우리가 하나님을 사랑한 것이 아니요 하나님이 우리를 사랑하사 우리 죄를 속하기 위하여 화목제물로 그 아들을 보내셨음이라"(요일 4:10).

내 손바닥에
너를 새겼고

"사모님, 꼭 독수리 제자훈련 학교에 오시면 좋겠어요. 하나님이 사모님을 얼마나 사랑하시는지 경험하게 될 거예요."

"권사님, 저희 집 상황을 아시잖아요. 교회는 사임했고 남편은 이식 수술 받은 지 몇 달 되지도 않았는데 제가 어떻게 그 많은 학비를 감당할 수 있겠어요."

"사모님에게 허락된 이 어려움의 시간을 감사하며 통과하길 바라는 마음에 권하는 거예요."

"대학교에서 기초 신학도 배우고 교회 대학부, 선교단체에서 말씀 훈련, 제자훈련까지 받았어요. 지금은 형편상 새로운 훈련을 받을 여력이 없어요. 너무 권하니 이제는 불편하네요."

나의 현재 상황을 잘 알면서도 끊임없이 권유하는 권사님의 전화는 나를 지치고 짜증 나게 했다. 권사님은 나의 거절이 안타깝다며 권하고 또 권하셨다. 지칠 만도 한데 멈추지 않는 권사님의 권유와 안타까움의 한숨 속에서 '혹시 이것이 나를 향한 하나님의 강권하심인가?' 하는 생각이 어느 날부턴가 불현듯 들기 시작했다. 권사님의 끈질긴 권유에 결국 그 마음을 돌이켜 독수리 제자훈련 학교에 들어가게 되었다.

독수리 제자훈련 학교에 들어갔지만 어려움이 해결되거나 나의 답답함이 해소되지는 않았다. 현재의 상황을 헤쳐나갈 어떤 방법조차 찾을 수 없는 숨 막히는 시간을 보내고 있었다. 답답함에 한숨을 내쉬다 소그룹 리더에게 기도를 부탁했다. 소그룹 리더는 깊이 공감해 주었다. "해도 해도 너무 하네요. 어쩜 그렇게 많은 문제가 한 번에…." 누가 그랬던가? 행복은 한 길로 오고, 어려움(불행이라 말하고 싶지 않다. 언젠가는 극복될 이야기이니)은 여러 길로 온다고! 사실 그때 남편은 신장 이식 후 지인들과 사업을 계획했다가 빚더미에 앉은 상태였다. 설상가상으로 함께 동업하던 오랜 지인과의 신뢰 관계도 깨졌다. 그 후유증으로 남편은 많이 힘들어하고 있었다.

교환학생으로 미국에 가 있는 고등학생 큰딸에게는 마음을 쓸 여유조차 없이 6개월이 지났다. 1년 용돈으로 딱 백만 원을 챙겨준 게 전부였다. 중학교 2학년이었던 작은딸은 사춘기를 지나고 있을 때였다. 거기다 양가 부모님을 찾아 뵈어야 하는 생신이나 어버이날, 추석과 새해는 왜 그렇게 자주 찾아오는지…. 지출해야 할 공과금과 은행 이자, 어린 두 딸과 아픈 남편까지 생각하니 눈앞이 캄캄해졌다. 여러 복잡한 상황 속에서 누구의 마음을 헤아리고 돌아볼 마음의 여유도 없었다.

좌우 앞뒤가 꽉 막혀 옴짝달싹할 수 없는 것 같은 기분이 들었다. 답답함 속에 있던 그때, 내 마음의 문을 주님이 두드리셨다. 그리고 "혜한아, 너는 꽃이다"라고 말씀하셨다. 나는 '이렇게 다급한 상황에서 갑자기 무슨 꽃 이야기시지?' 하며 차라리 "이제 너의 모든 근심 걱정을 해결해 줄 테니 염려하지 마라. 네가 걱정하는 모든 어려움은 곧 해결될 테니 나만 믿어라!" 하고 말씀해 주신다면 정말 좋을 텐데 하는 생각이 들었다.

'꽃은 무슨…꺾으면 금방 시들어 버리는 그런 꽃이 뭐라고…' 그리고 말씀드렸다. 꽃은 결국 꺾이잖아요." 이런 내게 주님은 다시 말씀하셨다. "너는 꺾이지 않는 꽃이다."

나를 귀히 여기시고 사랑하시는 하나님 아버지의 마음이 느껴졌다. 나는 입을 다물었다. 꺾이지 않는 꽃이라는 주님의 음성은 많은 문제 속에 있던 내게 한없는 평강을 가져왔다. 내 온몸의 세포 하나하나에 주님의 평강과 사랑이 스며들어가는 것을 경험했다. 누구보다 내 마음을 제일 잘 아시는 주님을 생각하니 평안함과 함께 피식 웃음도 나왔다.

'어디로 가야 하고 무엇을 위해 살아야 하나?' 이렇게 고민하는 나에게 내가 누구인지 알게 하시는 하나님의 우문현답이었다. 정체성 해결이 답임을 아시는 하나님은 내 안의 근본을 만지시고 치료를 본격적으로 시작하신 것이다. 하나님은 하나님 앞에서 내가 누구인지 생각하게 하셨다. 문제가 아닌 하나님과 나의 관계에 집중하게 하셨고 그제야 하나님의 음성이 들려오기 시작했다.

그때부터 나를 꽃으로 부르신 그분, 나를 존귀하게 여기시는 그분을 좀더 깊이, 그리고 가까이 개인적으로 알아가기 시작했다. 나를 향한 한결같고 변함없는 하나님 아버지의 사랑을 느꼈다. 문제가 아닌 살아 계신 하나님 한 분에게 집중하게 되었다. 수많은 사람 중

한 사람이 아니라 단 한 사람인 내게 집중하시는 하나님과 점점 더 친밀해지는 경험을 하기 시작했다. 나를 향한 간절한 아버지의 그 사랑이 어제도 오늘도 앞으로도 계속해서 말씀하고 계심을 깨닫게 하시며 주님으로 인한 안정감을 갖게 하셨다.

힘들고 어려운 때일수록 주의 음성을 들을 수 있으면 좋을 텐데 나는 그동안 문제 해결을 위해서만 기도했다. 문제가 하나님과의 관계를 가로막았다. 그러나 하나님 아버지의 나를 향한 열정적이고 헌신적이며 희생적인 사랑은 나의 마음을 녹이셨다. 고단하고 지친 나의 영혼에 잊혔던 첫사랑이 회복되었다. 나는 그분을 잊어도 그분은 나를 잊지 않는다는 것이 얼마나 감사한가! 요즘 젊은이들이 액세서리처럼 하고 다니는 타투와 같이 언제까지나 나를 손바닥에 새기고 다니시는 그 아버지의 못 말리는 사랑을 그동안 나는 잊고 있었다. 그리고 이제 주님의 두드리심에 다시 새롭게 깨닫게 되었다.

> "내가 너를 내 손바닥에 새겼고 너의 성벽이 항상 내 앞에 있나니 네 자녀들은 빨리 걸으며 너를 헐며 너를 황폐하게 하던 자들은 너를 떠나가리라"(사 49:16-17).

3장

임신하게 하였으니 출산하게 하겠다

◦ 네 보물이 있는 곳에 네 마음도 있다 ◦ 왜 한국 목회자 훈련 학교가 아니고 캐나다야? ◦ 자녀들에게 영적인 유산을 물려주기 위해 ◦ 가시 떨기에 떨어지매 ◦ 여호와 이레 ◦ 임신하게 하였으니 출산하게 하겠다 ◦ 하나님이 이루시기까지 두드리세요 ◦ 사람의 손만 한 작은 구름이 일어나다 ◦ 부부가 연합하여 동거함이 어찌 그리 선하고 아름다운지요 ◦ 밴쿠버에 왜 오려고 하세요?

네 보물이 있는 곳에
네 마음도 있다

"안녕하세요. 김 아무개 목사님 소개로 왔어요. 이거 다 얼마 주실 수 있으세요?"

아는 목사님의 소개로 찾아간 보석상 주인은 우리를 보더니 보자기로 꽁꽁 싼 물건은 열지도 않고 오히려 되묻는다.

"왜 처분하려고 하세요? 부모님께 허락은 받고 가지고 오신 거죠?"

"아니오."

우리가 팔고 싶으면 파는 거지 뭘 그런 질문을 하느냐는 표정으로 보석상 주인을 바라보았다.

"결혼한 지 얼마 안 된 분들 중에 돈이 필요하다고 이렇게 오셨다가 바로 찾아가는 경우가 많아요. 어떻게 마련한 결혼 패물인데 그렇게 쉽게 파느냐고 어르신들한테 꾸중 들으실 걸요? 그러니 부모님께 여쭙고 허락 받아서 다시 오시면 돈을 드릴게요."

신혼 초 남편의 사업으로 영국을 오가며 채워 넣지는 않고 사용만 하던 통장이 마침내 바닥을 드러냈다. 신학을 공부하기로 결정하고 한국으로 귀국하려니 항공료가 한두 푼이 아니었다. 무엇보다 전도사 사모인 내 삶의 태도도 바뀌어야겠다고 생각했다. 귀국하고 얼마 있지 않아 출산을 했으니 그 비용도 만만치 않았다. 우리에게 필요한 것은 우리 힘으로 해결해야 하는데 갑자기 귀국한 우리 부부는 둘 다 일할 곳도 찾지 못한 상태였다. 그때 결혼 혼수로 받은 패물들이 떠올랐고 패물을 많이 받은 것은 아니었지만 당장 급한 불은 끌 수 있을 것 같았다.

결혼 반지는 금반지가 아니라 다이아몬드 반지라 평소 끼고 있기에 부담스러워 옷장 깊이 넣어 뒀었디. 혹시 아이가 반지에 긁히기라도 할까 싶어 집에서는 물론이고 격식을 갖추어야 하는 자리에서도 전도사 아내라는 이름에 다이아몬드 반지는 어울리지 않는다 생각하여 금반지를 꼈다. 게다가 장롱 깊숙이 모셔(?) 놨다가 도둑맞았다는 사람도 한두 명이 아니었다. 그렇다면 끼지도 않을 반지를 파는 것은 별일 아니라고 생각했다. 우리가 부르심을 따라 살아가려면 우리 수중의 우리에게 어울리지 않는 물건은 치워야 한다고 생각했었는데 너무나 가볍고 얕은 생각이었을까?

보석상 사장님의 단호한 말에 결국 빈손으로 집으로 돌아왔다. 집에 돌아오니 시어머니께서 베란다의 화초를 가꾸고 계셨다. 나는 별 생각 없이 어머니에게 결혼 때 받은 예물을 팔아야겠다고 말씀드렸다.

"어머니, 신학생이 아무래도 다이아몬드 반지는 어울리지도 않고 끼고 다닐 수도 없으니 그냥 갖고만 있지 말고 팔아야 할 것 같아요."

내 말에 어머니가 목소리를 높이셨다.

"그걸 어떻게 해서 마련한 건데…어쩌면 결혼 반지를 그렇게 쉽게 팔러 갔니? 너희가 생각이 있는 거니?" 어머니는 그 보석상 사장님 말씀대로 내게 호통을 치셨다. 우리 어머니는 여느 어머니와 다를 거라고 생각했는데 어머니의 반응에 우리는 할 말을 잃었다.

결혼 2년 만이었다. 늘 낮은 목소리로 조용하게 말씀하시는 어머니, 우아하시고 점잖고 품위 있으신 어머니께서 높은 목소리로 우리 부부를 야단치셨던 것은 아마도 그때가 처음이었을 것이다. 야단을 맞는 나는 꿀 먹은 벙어리가 되었다. 남편이 어머니께 한마디라도 해주기를 바랐지만 남편도 나와 같이 입을 꾹 다물고 있었다. 그래서 그런 걸까? 내 마음에서는 한없는 변명이 쏟아져 나왔다.

'어머니, 저도 황당합니다. 제가 신학 하겠다는 아들이랑 결혼한 것도 아니고 저도 갑자기 진로를 바꾼 남편이 당황스럽습니다. 저도 여잔데 저라고 귀걸이, 반지를 팔고 싶었겠습니까? 저도 반대한 남편의 신학, 어머니 아들이 신학을 한다 하니 당장 딸아이 우윳값을 해결할 방도가 없네요. 아이가 아직 어려서 제가 일하러 나가기도 힘들어 어쩔 수 없이 선택한 일이에요. 그리고 신학을 이제 시작한 남편은 돈 한 푼 벌 수 없는 형편이잖아요.' 그러나 감히 어른들께는 말 한마디 못 하고 그 많은 이야기는 내 마음의 벽에만 좌충우돌 부딪히며 오갔다.

생각지도 않은 어머니의 노여움에 우리는 변명도 못 했다. 사실 어머니도 결혼 예물은 어려울 때를 위한 예비 자산이라고 말씀하셨던 것으로 기억하고 있었으나 그동안 잊으셨나 보다. 우선은 어머니의 마음이 가라앉기를 기다려야 했다.

하나님 나라의 물질관을 따라 산다는 것이 특히 자녀를 키우면서 쉬운 일이 아님을 배운다. 그러나 건강한 물질관 또한 자녀를 키우면서 더 구체적이면서도 현실적으로 알게 되었다. 그리스도인의 훈련 최종 단계가 물질 훈련이라는 말의 의미가 무슨 뜻인지 조금씩 이해가 된다. 하나님 뜻대로 살아가기 위해서는 하나님과 나 사이에 그 어떤 것도 있어서는 안 된다. 그것이 물질이든 자녀든 남편이든 그 무엇이든 내가 우선시하는 것이 나를 주장하는 것이 된다. 우리는 결단과 판단의 때마다 도우시는 성령 하나님이 필요하다. 하나님은 살아가면서 우리의 마음이 어디로 향할지 이미 아시는 분이시다. 그리고 그 마음이 언제나 주님을 우선시하길 원하신다. 주님은 내게 늘 물으신다. "네 마음이 있는 곳이 어니니?" 그러면 나는 대답한다. "주님, 아시죠?"

"네 물질이 있는 곳에 네 마음도 있다" 하시는 그 말씀을 기억하며 우리의 마음이 물질이 아닌 주께로 온전히 향하기를 바란다.

"네 보물이 있는 그곳에는 네 마음도 있느니라"(마 6:21).

왜 한국 목회자 훈련 학교가 아니고 캐나다야?

"왜 한국 목회자 훈련 학교가 아니고 캐나다야? 왜 한국에 있는 목회자 훈련 학교가 아니고 굳이 캐나다 밴쿠버까지 가는데? 거기까지 가는 비용이랑 5개월 동안의 생활비는 어떻게 감당하려고?"

후배가 물었다.

"그게 참 말로 다 설명하기는 어려워. 몸도 마음도 많이 상한 남편이 모든 것으로부터 떠나서 온전히 주만 바라봤으면 하는 것이 첫 번째 이유야."

"으응…그렇지만 필요한 비용이 한두 푼이 아니잖아."

"사실 나도 그게 고민이기는 해. 가기로 작정했으니 주님이 지혜를 주실 것 같아."

나는 잠시 말을 멈췄다가 이야기를 이어갔다.

"나도 가능하면 한국에서 참여하면 좋겠는데…지금 우리는 모든 것을 다 내려놓고 훈련으로 들어가서 그 은혜 안에 있어야 할 것 같

아. 시간과 마음과 몸으로 주님을 온전히 예배하고 싶고 그 어떤 방해 없이 하나님께 집중하는 시간을 갖고 싶어. 남편과 나의 영이 새롭게 되어 주님 앞에서 춤을 추고 싶은 마음이거든. 우리 부부가 주님께 드린 시간은 믿음의 유산을 쌓는 기회가 될 것이고, 또 이런 믿음의 결정들이 얼마나 중요한지 자녀들에게 보여주고 싶어. 우리를 지켜보는 자녀들에게 우리 가정의 우선순위는 하나님이라는 것을 보여주고 싶어. 아이들에게 하나님이 우선이라는 것을 가르칠 수 있다면 어떤 값이라도 치를 수 있을 것 같아."

"그럼 은선이는 어떻게 하려고?"

"캐나다에 데려가든지, 학교를 쉬든지 해야지 뭐."

"이제 곧 중학교 3학년이 되는데?"

"……."

떠날 준비를 하자니 마음이 분주했다. 정리해야 할 것도, 준비해야 할 것도 많았다. 내 안에 두려움이 가득했지만 그 외에는 다른 방법이 보이지도 않고 다른 방법을 찾을 힘도 없었다. 우선 어머니를 만나서 우리 부부의 계획을 이야기했다. 내 이야기를 들은 어머니의 반응은 상식적이었다.

"애들 아빠가 아픈데 어딜 가겠다는 거니?"

밴쿠버로 훈련 장소를 정하고 떠나겠다는 우리의 생각에 어머니는 많이 불편해하셨다. 나는 남편이 신장 이식을 하고 교회를 사임하면서 날마다 우리 부부가 24시간 내내 하나님만 바라볼 수 있는 환경으로 들어가기를 간절히 소원했다. 가능하다면 하나님만을 바라봄으로 주시는 치유와 회복, 그리고 위로와 부흥을 경험하고 싶었다. 무엇보다 예수로 채워져서 돌아오기를 원했다.

밴쿠버를 선택한 이유는 하루 24시간 내내 주만 바라보도록 짜여진 목회자를 위한 훈련 학교가 밴쿠버에 있다고 추천을 받았기 때문이다. 물론 어떤 곳에 있는 학교가 우리 부부에게 맞을까 기도하면서 갖게 된 확신도 결정에 한몫했다. 남편에게 낯설지 않은 환경이기를 바랐는데 선교사와 목회자만 참여 가능하다니 한결 마음이 놓였다. 이 훈련에 참여하는 학생들은 이른 아침부터 늦은 저녁까지 학교 스케줄에 따라 규칙적으로 하루를 다 같이 시작하고 다 같이 마친다고 했다. 그리고 오직 주님만을 묵상할 수 있도록 시간표가 짜여 있었다.

무엇보다 주님 앞에 있기로 작정하고 오신 목사님 부부들과 함께 한다는 자체가 위로가 되었다. 이곳에서는 모든 사람에게 골고루 적당한 노동이 주어진다. 신앙과 노동이 균형 잡힌 프로그램이라는 생각이 들었다.

매일 준비된 강의를 듣고 강의의 깊이를 더해주는 소그룹 나눔을 한다고 했다. 강의 수료 후에는 실제 선교 현장을 방문해 각자에게 주어진 은사를 따라 그곳의 선교사들을 섬기고 그들의 마음을 배우는 시간을 가질 것이라고 했다. 서로를 위해 기도하고 함께 찬양하면서 하나님 나라를 더불어 이루어가는 공동체의 중요성과 교회 공동체의 의미도 배우게 될 것이라고 생각했다.

또 밴쿠버의 아름다운 자연 속에서 이를 창조하신 하나님의 놀라우심을 깊이 묵상하는 시간이 될 것이라고 기대했다. 이러저러한 이유가 하나님께 집중하기로 선택한 우리 부부에게 딱 맞는 장소라고 생각하게 되었다. 이처럼 하나님만 바라보도록 돕는 학교라는 것이 밴쿠버 목회자 훈련 학교를 선택하게 된 이유다.

문제는 5개월이라는 긴 시간을 드려야 한다는 것과 포기해야 하고 치러야 하는 대가가 적지 않다는 것이었다. 일단 작은딸이 학업을 쉬어야 했다. 또 그곳까지 오가는 항공료와 선교지 방문을 위한 항공료, 생활비를 챙겨 가야 했다. 모든 준비가 완벽하지도 않았고, 기대하는 것만큼 문제 해결이 척척 되지도 않았다. 준비 과정 중 우리는 기도와 선택을 하면서 '값을 치르는 삶'에 대해 생각하게 되었다. 우리의 삶으로 인해 우리 자녀들에게 믿음의 유산이 흘러간다면 그보다 값진 선택이 어디 있으랴!

우리 삶의 모든 방면에서 하나님은 언제나 개입하신다. 그 당시에는 내가 계획하고 선택하는 것 같아 보이지만 돌아보면 언제나 주님이 인도하셨다는 것을 고백하게 된다. 설령 그 선택이 잘못되었다 할지라도 그분을 향한 선택은 합력하여 선을 이룬다는 신비를 경험했다. 우리보다 앞서 일하시는 분이 우리의 미래까지 인도하실 줄 믿기에 우리의 연약함으로 한 선택이라 할지라도 그것은 하나님의 돌보심 아래에 있다. 하나님을 아버지라 부르고 그 아버지를 신뢰하며 자신을 의탁한 주의 자녀들을 향한 하나님의 긍휼이 있다고 믿는다. 하나님이 지금까지 우리의 모든 걸음을 인도하셨고 앞으로도 인도하실 것이기에 그것을 기대하며 믿음의 걸음을 걷는다.

"사람이 마음으로 자기의 길을 계획할지라도 그의 걸음을 인도하시는 이는 여호와시니라"(잠 16:9).

자녀들에게 영적인 유산을 물려주기 위해

"우리가 자녀들에게 물려줄 물질적인 유산이 없다면 영적인 유산이라도 물려줍시다! 영적인 유산이 우리 안에 있어야 물려줄 수 있는 것이니 우리 하나님을 채우기 위한 여행을 떠납시다."

독수리 제자훈련 학교를 수료하고 오랜 시간 홀로 침묵 속에서 금식기도를 한 뒤 남편에게 말했다. 나의 말도 안 되는 갑작스러운 선포에 남편은 할 말을 잃었다. 한동안 말이 없던 남편이 입을 열었다.

"한 달간 기도하면서 생각해 볼게." 그러고서 남편은 입을 닫았다. 나는 이때 장장 3장의 편지를 남편에게 전했다. "아프다고 우리가 이렇게 주저앉아 있을 수는 없다. 주저앉아 있는 시간이 길어지게 되면 우리가 가고 바라보아야 하는 방향을 잃어버리게 될 것 같아 두렵다. 우리 둘 다 지쳐 있고 진정한 쉼을 가져야 하는데 이것은 쉬는 것이 아니다. 우리가 살길을 찾자. 선교를 위해 부름을 받았던 그때를 다시 기억하자! 우리의 영이 살게 할 수 있는 것은 예수밖에 없다. 그러니 우리가 살길은 오직 예수다. 나는 자녀들에게 영적 유산을 물려주고 싶다. 우리가 지금껏 살아오면서 자녀들에게 물려줄 수 있는 일을 하거나 재산을 축적하지 않은 이유가 무엇이냐. 그나마 우리가 줄 수 있는 것이 있다면 우리 삶의 의미이신 예수로 살아야 한다고 전하는 것밖에 없지 않느냐. 영적인 유산을 자녀들에게 상속하기 위해 예수만 생각하는 여행을 떠나자."

우리의 영을 살릴 수만 있다면 어떠한 희생도 치를 수 있을 것 같았다. 우리 부부의 영이 살고 우리로부터 생명이신 예수 그리스도가 자녀들에게 전해지는 것이 하나님 아버지의 우리 가정을 향한 소원이라고 믿었다. 당시 남편은 신장 이식 후 힘든 시간을 보내고 있었다. 개척교회 사역을 하면서 지쳤던 몸에 쉼이 필요했고 영적으로도 침체되어 있었다. 이식 환자가 먹어야 하는 면역억제제와 혈당 조절을 위해 아침저녁으로 먹어야 하는 약이 한 주먹씩이라 약만 먹어도 배가 부를 정도였다.

나 또한 교회 사역과 남편의 투병으로 지쳐 있었기에 우리 부부 모두에게 쉼과 위로가 필요했다. 진정한 치료자이신 예수님만이 우리에게 치유와 회복을 주시는 줄 알기에 우리를 살리는 여행을 떠나야겠다고 생각했을 때 밴쿠버 목회자 제자훈련 학교가 떠올랐다. 이미 나는 독수리 제자훈련 학교에서 은혜를 경험하였고 간사로 활동하고 있었다.

나는 늘 남편이 하자는 대로 하던 사람이었다. 남편에게 순종하는 것이 하나님이 기뻐하시는 일이라고 철석같이 믿던 나는, 남편이 신학을 하겠다고 통보했을 때도, 영국에서 한국으로 들어가기로 결정했을 때도, 수원의 작은 개척교회로 가게 되었을 때도 반대 한 번

안 하고 따라나섰다. 그런 내가 예수 제자훈련 학교에 가자고 말하는 데는 용기가 필요했다. 주님이 내게 남편을 향한 사랑과 자녀들에게 영적인 유산을 물려주고자 하는 간절한 소원을 주셨기에 가능했던 일이다.

남편은 어릴 때부터 받아온 신앙 훈련이나 타고난 성향상 예수 제자훈련 학교의 분위기와는 많이 다른 사람이다. 하지만 우리 성향이나 좋고 싫음을 떠나 우리 영을 살릴 수 있고 영적으로 보장된 곳에 우리를 완전히 집어넣어야겠다는 생각을 떨칠 수가 없었다. 예수 제자훈련 학교를 가자고 했을 때 쉽게 그러자고 대답할 것이라고는 생각하지 않았지만 그 어떤 핑계로도 피할 수 없는 여행이라고 못을 박아야만 했다.

솔직히 맛있는 음식이 있다면 제일 먼저 주고 싶은 사람이 남편이지 않은가. 몸에 좋은 거라면 어떻게 해서든 맛보게 하고 싶은 것이 아내의 마음이다. 나는 정말 하나님이 허락하시는 맛있는 영적인 식사를 남편과 같이 먹고 싶었고 자녀들에게 먹이고 싶었다. 우리의 자녀들에게 최고의 유산인 믿음의 유산을 남겨주기 위해 떠나는 여행이니 더욱 절실했다. 남편에게 편지를 쓴 후 남편의 답을 기다리면서 많이 긴장되고 떨렸다. 그러나 나는 하나님이 주신 확신을 가지고 남편의 대답을 기다리며 떠날 준비를 하나씩 해나가기 시작했다.

그리고 결국 한 달 후 남편은 "그래, 떠나자"라고 대답해 주었다. 이제 자녀들을 위해 우리 안에 값진 영적인 유산을 쌓기 위해 떠나기만 하면 되는 것이었다.

"우리가 물려받은 값진 유산은 세상적인 축복이나 물질적인 금은

보화가 아니다. 회개와 믿음과 사랑과 눈물과 헌신과 섬김과 희생과 소망과 같은 값진 영적 유산이다. 이와 같은 값진 영적 유산은 우리가 스스로 만들 수 있는 것이 아니다. 지금이야말로 우리 믿음의 선배들을 바라보고 배워 닮으려는 노력이 필요한 때다"(김명혁 목사).

가시 떨기에 떨어지매

"중학교 3학년에 올라가는 작은딸이 밴쿠버에 같이 간다면 그곳에서 학교에 다닐 수 있는 길이 있나요?"

"밴쿠버에서는 일을 하지 않으면 공립학교에 다닐 수 없어요. 유학 이외에 캐나다에서 학교에 다닐 방법은 없습니다. 자녀들을 데리고 제자훈련 학교에 오는 경우는 대부분 아이들이 초등학생이기에 잠시 휴학을 하고 참여합니다. 학교에 보내고 싶으면 유학을 준비하셔야 할 거예요."

밴쿠버 목회자 제자훈련 학교에 참여하려고 준비하며 기도하는 중에 밴쿠버의 YWAM 아버지 학교 책임자이셨던 선교사님을 만나 뵈었다. 그동안 밴쿠버에 대해 궁금했던 것을 여쭈었다.

선교사님의 대답을 듣는데 '아! 마지막 테스트구나!' 하는 생각이 들었다. 이 산만 넘으면 밴쿠버에 갈 수 있겠다는 생각이 들었다. 우리 부부가 집을 떠나 있을 5개월 이상의 시간 동안 어린 딸을 한국에 남겨둘 수는 없다고 생각했다. 딸을 데리고 훈련에 참여할 방법을 기대하고 선교사님을 만나러 간 건데 내가 원하는 답이 아니라 실망스러운 생각도 들었다. 다른 문제도 아니고 자녀 문제이다 보니 마음도 무거웠다. 그렇게 하나님이 인도하셨다는 확신을 가졌으면서도 딸아이를 생각하자니 개인적인 확신에 의심이 들었다.

'작은딸이 학업을 지속할 수 없는데도 밴쿠버에 간다는 것은 부모로서 너무나 이기적이고 무모한 욕심이 아닐까? 작은딸의 학업을 중단시키면서까지 무리하게 진행하는 게 옳은 걸까? 정말 목회자 제자훈련 학교에 가는 것이 우리 자녀들에게 영적인 유산을 물려주기 위한 선택이 될 수 있을까?'

마땅히 돌봄을 받아야 하는 때에 돌보지 않는 것도 폭력이라는 글을 어디서 읽은 기억이 난다. 본인의 의지보다 현실적 시스템을 거스르는 부모의 선택으로 작은딸은 학교에 갈 수 없을지도 모른다. 우리 자녀들에게 영적인 유산을 물려준답시고 딸아이에게 희생을 요구하는 것은 아닌지, 믿음의 결정을 하는 것이라 하면서 딸의 마음을 아프게 하는 것은 아닌지 조심스러웠다.

이러지도 저러지도 못할 때는 금식기도밖에 답이 없다. 짐을 싸서 영락기도원으로 올라갔다. 말씀 앞에서 딸아이 학업을 중단하고 캐나다 밴쿠버로 가는 것이 맞는지 조용히 고민하고 기도하고 싶었다. 도착한 다음 날 새벽기도를 위해 본당으로 올라갔다. 예배를 기다리는데, 새벽예배 인도자가 사정이 있어 오지 못하니 각자 알아서 성경 읽고 기도하는 시간을 가지라는 광고를 한다. 나는 대예배실에 앉아서 마태복음부터 읽어나가기 시작했다. 평소같이 말씀을 쭉 읽어가는데 마가복음 4장 18-19절이 눈에 들어왔다.

"또 어떤 이는 가시 떨기에 뿌려진 자니 이들은 말씀을 듣기는 하되 세상의 염려와 재물의 유혹과 기타 욕심이 들어와 말씀을 막아 결실하지 못하게 되는 자요."

늘 읽던 말씀인데 새롭게 다가왔다.
"세상의 염려와 재물의 유혹과 기타 욕심이 들어와…" 몇 번을 반복해서 읽었다. 이미 밴쿠버로 가기로 한 일에 대해 확신을 갖고 말씀을 통해 확인까지 한 상태였는데 또다시 일어나는 내 마음의 갈등과 직면했다. 세상의 염려, 재물의 유혹, 인간적인 욕심…. 이미 결정된 일인데 아직도 흔들리는 나를 향해 하시는 말씀인가? 이 말씀이 내게 하시는 말씀이라면 이런 일들로 인해 밴쿠버행을 포기하고 싶지는 않았다.

며칠 후 집으로 돌아온 나는 작은딸 은선이를 조용히 불렀다.
"엄마가 할 이야기가 있는데 잠깐 이야기 좀 할까?"
은선이와 나는 안방 침대에 기대어 앉았다.
"은선아! 엄마 아빠가 아무래도 캐나다로 목회자 제자훈련 학교에 가야 할 것 같아. 엄마 아빠에게는 너무나 중요한 시간이야. 언니하고 너에게 영적인 유산을 물려주고 싶은데, 요즘 아빠가 많이 힘들어하시잖아. 그래서 이 학교에 꼭 다녀와야 할 것 같아…. 은선이랑 같이 가고 싶지만 재정이 충분하지 않아 엄마 아빠가 5개월 동안 캐나다에 가 있는 동안 할머니 댁에 가서 학교에 다니고 있을래? 다른 방법으로는 캐나다에 같이 가서 지낼 수는 있는데 중학교 입학은 어렵고 아마도 검정고시 공부하는 사람들처럼 혼자서 공부를 해야 할 거야. 어떻게 할래?"

자녀가 학교에 가기 싫다는 경우는 있어도 자녀에게 학교를 쉬면 어떻겠느냐고 말하는 부모는 많지 않다. 한국 나이로 겨우 열네 살이던 딸이 결정하기에는 너무나 부담이 큰 질문이었다. 어려운 질문을 하는 나를 향해 작은딸이 대답했다.

"엄마 아빠 따라서 캐나다 갈게."

평범하지 않은 엄마의 질문에 대답하는 아이의 커다란 눈망울에 눈물이 맺혔다.

어떤 엄마가 딸에게 멀쩡하게 다니던 학교를 쉬라고 할 수 있을까? 이렇게까지 말해야 하는 것이 엄마 된 나로서도 많이 고통스러웠다. '몇십 년 후에도 잘한 결정이라고 할 수 있을까? 1년을 포기해야 하는 딸의 심정은 어떨까? 학교를 쉬고 난 후 다시 학교에 적응할 수 있을까? 이런 특수한 경우 재입학이 가능할까? 아니면 검정고시를 준비해야 할까? 이러고도 엄마가 맞나?' 수많은 자책감과 질문들을 주님께 내려놓고 이제 믿음의 걸음을 걸을 수밖에 없으니 걸어보자고 다짐했다.

그동안 수많은 씨앗이 길가에 떨어지고 돌짝밭에 떨어졌다. 그리고 가시 떨기에도 떨어졌다. 그런데 이제야 옥토에 떨어졌으니 하나님이 어떻게 결실을 맺게 하시는지 보게 될 것이다. 이제 말씀에 순종해 예상치 못하는 어려움과 예상 가능한 어려움을 주님께 내려놓고 한 걸음 더 앞으로 나아갔다. 지금의 선택으로 30배, 60배, 100배의 열매를 맺게 하실 하나님을 기대하며⋯.

여호와 이레

"은선이가 엄마 아빠랑 밴쿠버 목회자 제자훈련 학교에 같이 갈 거야. 공부할 기회가 주어지지 않는 것이 마음 아프네."

내 말을 듣던 큰딸이 뜻밖의 제안을 했다.

"그래? 엄마, 이 넓은 미국 땅에 은선이 하나 갈 만한 가정이 없겠어? 내가 한번 알아볼게."

"네 옆에 갈 수만 있다면 그보다 더 좋은 일은 없겠지. 그런데 그런 일이 가능할까?"

큰딸 은혜는 당시 미국 국무성 교환학생 과정을 마치고 체류 기간을 일 년 더 연장해 고등학교에 다니고 있었다. 은혜를 딸처럼 아껴주던 한 미국인 가족이 돈 한 푼 받지 않고 은혜를 돌보아주었고, 은혜는 크리스천 고등학교에서 목회자 자녀 장학금을 주어서 학비 부담 없이 학교에 다니고 있었다. 내년 3월에 중학교 3학년이 되는 동생이 우리와 함께 캐나다 밴쿠버로 가기로 결정했다는 이야기와 함께 지금까지의 상황을 나누는데 큰딸이 의외의 아이디어를 제공했다. 미국에서 동생 은선이가 학교에 다닐 수 있도록 돌봐줄 가정이 있는지 알아보겠단다. 미국으로 갈 수만 있다면 학교를 쉬지 않아도 되었다.

인생은 오래달리기다. 인생의 오래달리기를 하다 보면 지금 당장 해야 하는 것이 있고, 어쩔 수 없이 잠시 미뤄둬야 하는 것도 있다. 선택의 순간이 왔을 때 나는 무엇을 우선순위에 둘 것인가? 한 치 앞도 볼 수 없는 어리석은 인간이 세우는 미래에 대한 계획은 얼마나 무의미한가? 어린 자녀가 학교에 다녀야 하는 것이 이 세상의 상식이라면 그 상식을 잠시 내려놓는 것은 도전이다. 자녀의 희생을 볼모 잡아 영적인 회복을 도모한다는 것은 세상에서 볼 때는 도박 같은 일이다. 일반적인 눈으로 볼 때 자녀의 희생을 요구하는 무모한 부모는 그리 많지 않다.

그러나 믿는 자에게 안전한 경계선을 넘어선 선택은 주님이 일하시는 것을 보게 되는 기적의 순간이 된다. 지금 당장 내 눈에 보이거나 손에 쥐어지는 것이 없을지라도 하나님의 아버지 되심이 드러나기 위해서는 겨자씨만 한 믿음이 필요하다. 자녀에게 단순히 세상에서 인정받는 삶이 아닌 믿음으로 사는 삶을 보여주길 원한다면 하나님을 신뢰함이 필요하다. 사람의 계산으로는 불가능한 일이다.

큰딸 은혜가 미국에 머물게 된 것이 또 다른 여호와 이레의 사건이 되었다. 믿음의 과정을 통과한 큰딸에게 하나님은 미국 가정에서 극진한 사랑을 받으며 생활할 수 있도록 길을 여셨다. 교환학생이 끝나고 미국에 더 머물고 싶다고 기도했을 때 하나님은 내가 어디 있는지, 무엇을 원하는지 다 아신다고 말씀하셨다며 현실적으로 불가능한 일이었지만 하나님이 하실 일을 신뢰했던 딸이다. 동생을 미국인 가정에 연결해서 학교를 다니게 하고 싶은 마음은 어디에서 왔을까? 그 하나님을 신뢰하며 동생에게도 새로운 일을 하시기를 바란 것 같다. 어디에서 이런 믿음이 생겼던 것일까?

아브라함이 아들 이삭을 하나님께 드리기 위해 모리아산으로 올라갔을 때의 그 심정을 누가 얼마나 이해할 수 있을까? 어린 딸을 떠나보내며 이삭을 모리아산으로 데려가던 아브라함의 마음이 아주 조금은 이해가 된다. 한편 아버지의 사랑을 받았다고 생각했던 이삭의 마음은 어땠을까? 아브라함이 모리아산에 제단을 준비하고 이삭에게 칼을 들었을 때 이삭은 아버지의 사랑에 대해 배신감을 느꼈을까? 아브라함과 이삭의 모습을 바라보고 계셨던 하나님 아버지의 마음은 어떠셨을까? 아무튼 그 순간 하나님은 급하게 아브라함을 부르셨다. 그리고 수풀 사이에 숫양을 미리 준비하심으로 여호와 이레의 하나님을 경험하게 하셨다.

그저 마음에 주신 소원을 따라 움직이는 우리를 받으시고 그 소원을 통해 놀라운 일을 행하시는 하나님을 찬송한다. 우리의 것을 드렸더니 우리에게 더 좋은 것을 예비하시는 하나님의 사랑은 하나님을 향한 아브라함의 믿음과 이삭의 믿음에서 잘 나타난다. 아브라함은 노년에 낳은 아들을 혹시 데려가시더라도 다시 살리실 하나님을 믿었을 것이다. 자신을 제물로 드리기로 작정한 아버지와 하나님 아버지를 믿는 이삭의 순종이 빛을 발하는 순간이다. 가시덤불에 미리 준비하신 양이 바로 하나님 아버지의 마음이었다.

'하나님이 나의 믿음을 테스트하신 걸까? 그리고 학교를 포기하고 부모를 따라가기로 한 은선이의 순종을 받으신 걸까?' 이런저런 생각 가운데 있을 때, 한동안 연락이 없던 큰딸에게서 연락이 왔다. "엄마! 샥스네 집에서 은선이를 무료로 돌봐준대. 이제부터 은선이가 다닐 학교도 알아볼게. 은선이는 영어 시험 준비만 하면 될 것 같아." 샥스네는 교환학생 기간 동안 우리 큰딸을 자식처럼 돌봐주었던 가정이다. 큰딸이 교환학생 기간 이후 다른 가정으로 간 것을 많이 슬퍼했다며 동생을 기쁘게 돌봐주겠다고 하셨다.

얼마나 놀라운 여호와 이레의 사건인가! 우리 부부는 단 한 번도 큰딸과 마찬가지로 작은딸을 미국으로 보낼 생각을 해본 적이 없었다. 우리의 재정적인 능력으로는 불가능한 일이었기 때문이다. '결정은 우리가 하지만 책임은 하나님이 지신다는 말이 이거구나!' 하는 생각을 했다. 하나님은 우리 부부의 결정을 기뻐하셨고 부모 된 우리를 부끄럽게 하지 않으셨을 뿐 아니라, 은선이를 위해 여호와의 산에서 준비하셨다.

> "아브라함이 그 땅 이름을 여호와 이레라 하였으므로 오늘날까지 사람들이 이르기를 여호와의 산에서 준비되리라 하더라"(창 22:14).

임신하게 하였으니 출산하게 하겠다

'밴쿠버로 가려면 비용을 마련해야 하는데 마땅한 방법이 없으니 어떻게 하면 좋지?'

항공료와 3개월간의 강의료, 생활비 그리고 2개월간의 단기선교를 위한 비용을 알아보니 만만치가 않다. 어떻게 준비해야 할지 기도하며 성경을 읽는데 이 말씀이 눈에 들어왔다.

"여호와께서 이르시되 내가 아이를 갖도록 하였은즉 해산하게 하지 아니하겠느냐 네 하나님이 이르시되 나는 해산하게 하는 이인즉 어찌 태를 닫겠느냐 하시니라"(사 66:9).

남편을 위해 기도하면서 PDTS(목회자 제자훈련 학교)에 대한 소망을 잉태했다. 이제 출산이라는 과정이 남았는데, 임신을 했으니 출산은 당연한 일인 것이다. 이 말씀을 읽는데 밴쿠버로 가는 길에 주님이 빛을 비춰주고 계시다는 생각이 들었다.

어떤 말씀이 내게 주는 말씀인지 아닌지에 대한 확신을 갖는 것은 조심스러운 일이다. 믿음의 길을 걸으면서 늘 말씀이 주는 확신을 가지고 움직인 것 같지만, 사실 그 말씀을 받아들이고 결단하기까지 그 말씀이 내게 하시는 말씀인지를 정말 끊임없이 고민했다. 본문과 상관이 없는데 내 이야기 속으로 쑥 들어오는 말씀이 있기도 하고, 본문이 말씀하시는 내용과 얼추 비슷한 것 같아 내게 하시는 말씀으로 믿고 받아들이기도 한다. 그리고 "주님, 이렇게 제게 말씀하시는 것 맞나요? 저는 그런 줄 알겠습니다. 그것이 아니라면 제동을 걸어주시고 다시 말씀해 주세요"라고 기도한다.

내 멋대로 살면 넘어지는 것이 당연하다. 그러면서도 주가 도우시기를 바라는 것이 자녀 된 심리다. 하나님 아버지의 말씀을 듣기를 원할 때, 말씀하시는 하나님은 말씀하시기를 기뻐하시는 분이시다. 인격적이시며 자녀와의 대화를 즐거워하시는 하나님은 모든 상황을 통해 내가 이해할 수 있는 방법으로 설명해 주셨다. 내가 알아듣지 못하면 기다리셨고, 때로는 생각지도 못한 말씀으로 가슴이 뛰게 하셨다. 그런 말씀을 '레마'라고 한다는 것을 대학부 시절에 배웠다. 개인적으로 말씀을 묵상하거나 예배드리는 중에 어떤 말씀이 나를 이끌고 그 말씀의 달콤함에 푹 빠지게 하셔서 말씀대로 살고자 하는 의지를 불태우게 하신 경험이 많다. 그러므로 이번에도 내게 주시는 확신을 갖고 믿음으로 하나님께 질문했다.

'무엇으로 어떻게 준비하게 하실까' 하는 기대감을 갖고 주님 앞에 앉았다. 그때 내 마음에 "더 가치 있는 것을 얻기 위해 오늘도 손에 꼭 쥔 덜 가치 있는 것을 내려놓아라"라고 말씀하시는 것 같았다. 내가 가지고 있는 것 중 무엇을 내려놓아야 하는 걸까?' 고민했다.

그 선택은 '값을 치르는 삶'이라고 생각했다. 우리 부부는 밴쿠버로 가기 위해 어떤 값을 치러야 하는 걸까? 당시 현금이 없던 우리는 하나님 앞에 머물기 위해 가진 것들 중 값이 나가는 것을 포기하기로 마음을 정했다. 우리가 가진 전 재산, 전에 신학 공부를 하면서 팔려다 어머니께 야단맞은 결혼 예물과 두 딸이 크면 주려고 두었던 돌 반지들이 떠올랐고, 하나님은 내게 이렇게 묻는 것 같았다.

"네가 이것을 포기할 수 있겠니?"

나는 고민하지 않았다. 당연히 '예스'였다. 결혼 초에도 팔려고 들고 나갔었는데 이번에는 못 하겠나 하는 마음이 들었다. 아마도 이 물건들은 나와 인연이 없는 물건인가 보다. '어떠한 어려움이 나를 시험할지라도 내게 주신 이 마음은 변하지 않을 것이다'라고 스스로 다짐하면서 큰딸과 작은딸의 돌 반지들과 결혼반지를 챙겼다. 혹여 누가 채갈까 봐 분홍 보자기에 꽁꽁 싸고 묶어서 가슴에 꼭 끌어안고 보석 도매 상가들이 늘어서 있는 종로 5가로 갔다. 몇 군데 금은방에 들어가 가격을 물었으나 우리가 필요한 만큼의 비용을 주겠다는 곳이 없었다. 예상보다 훨씬 밑도는 가격에는 내놓고 싶지 않아서 이곳저곳을 다니다 우여곡절 끝에 거래를 마쳤다.

우리가 가지고 있던 귀중품을 팔고 집으로 돌아오는데 홀가분하리라 생각했던 마음과는 다르게 허전했다. 가지고 나갈 때까지 내 인생에는 의미가 없다고 생각한 물건들이었다. 이제 아이들에게 물려 줄 금은보화는 남아 있지 않다. 이제는 본격적으로 주가 예비하신 그 길을 걸어야 하고 돌이킬 수도 없다. 주만 의지하겠다는 결단은 더욱 확고해졌다. 영적인 유산을 물려주기 위해 또다시 다이아몬드 반지를 포기해야 한다면 아마도 또다시 같은 선택을 할 것이다. 지금 다시 생각해도 그 반지를 포기한 것에 대한 후회는 없다. 가진 것을 다 팔아 밭을 산 농부의 마음을 조금이나마 느껴 본다. 믿음이 없이는 주를 기쁘게 할 수 없고 믿음에 대한 확신과 기대감이 주의 일을 진행하게 한다.

이제 재정이 준비되었다. 영적인 출산을 위한 준비를 마쳤으니 밴쿠버로 떠나기만 하면 되었다.

하나님이 이루시기까지
두드리세요

"우리 중에 하나님이 비전을 주셨는데 중간에 포기한 사람이 있습니까? 현재 손에 들고 있는 것으로, 볼펜도 좋아요, 눈에 보이는 그것이 무엇이든 그것을 가지고 바닥을 치세요! 예언적인 행동을 하세요. 주님이 주신 비전을 이루기까지 포기하지 않겠다고 선포하는 마음으로 바닥을 계속 치세요!" 나는 목사님의 도전 앞에서 다시 선교에 대한 열정과 두근거림이 일어났다.

밴쿠버 목회자 제자훈련 학교에서 5개월을 보내고 돌아왔다. 전통적인 신앙생활로부터 만들어진 우리 부부의 고정관념이 깨지는 시간이었다. 예배를 통해서 주시는 깊은 기쁨과 감사가 있었고, 그 은혜가 우리 자신을 직면하고 훈련하는 힘이 되었다. 하나님만이 참 위로자이심을 고백하고, 오직 그의 나라와 그의 의를 위해 살기를 결단하게 하는 시간이었다. 다른 한편으로는 밴쿠버 목회자 제자훈련 학교를 마치면 바로 선교지로 나가게 될 줄 알았다. 그러나 사역에 대한 마음은 하나가 되지 않았고 선교지로 떠나는 것에 대한 의견이 모이지 않았다.

　남편은 신학교에 들어갈 때 선교를 하고 싶다고 말했으나 교회 사역을 하면서 선교에 대한 마음을 내려놓았던 것 같다. 밴쿠버 목회자 제자훈련 학교에 다녀온 후 혹시 선교 가자는 말을 하지는 않을까 기대했는데 남편은 역시 한국에서 사역하기를 원했다. 나의 마음이 선교를 향해 끓어오르면 오를수록 남편의 마음은 더 교회 사역 쪽으로 향했다. 우리 부부가 선교사로 떠나는 것이 하나님 뜻인지, 남편이 원하는 교회 사역 쪽으로 따라야 하는지 혼란스럽지는 않았다. 우리 두 사람에게 처음 주셨던 마음이 선교였기에 남편이 선교를 향해 그 마음을 결정하기까지 내가 인내함으로 기다리는 것이 필요한 시점이었다. 마음을 정하면 바로 달려가는 나의 조급함과 어려움이 생길 때마다 쉽게 포기하는 나를 훈련한다고 생각하며 남편의 선교에 대한 마음이 회복되기를 기다렸다.

　솔직히 밴쿠버 목회자 제자훈련 학교에서 같이 사역하자는 부르심도 있어서 남편이 마음만 정하면 되었다. 그러나 남편은 내 생각과 달랐다. 여기저기 교회 사역지를 찾아보는 눈치였다. 기다림에 점점 지쳐가고 있을 때 "우리 부부가 이렇게 생각이 다른데 그러면 이제 어떻게 할까요?"라고 하나님께 다시 질문했다. 그리고 제일 먼저 떠오른 단어가 '기다림'이었다. 더 기다리라는 뜻으로 알고 내가 당장 할 수 있는 일을 하기로 했다. 교회 사역이 열린 것이 아니었기에 나 혼자 수원지역 예수전도단 간사로 지원하여 섬기게 되었고, 그해 여름 열린 간사 컨퍼런스에서 아르헨티나 출신의 알레한드로 목사님을 강사로 다시 만났다. 작년 밴쿠버 목회자 제자훈련 학교에서 강사와 학생으로 만났는데 1년 반 만에 한국에서 다시 만나니 그렇게 반가울 수가 없었다. 그날 알레한드로 목사님은 열왕기하 13장 14-25절로 말씀을 전하셨다.

본문에서 요아스 왕은 아람 군대가 쳐들어온다는 소식을 듣고 공포 속에서 엘리사를 찾아간다. 엘리사의 손을 의지하여 요아스 왕이 활을 쏘는데, 엘리사는 이것이 여호와를 위한 구원의 화살이니 찾아오라고 한다. 그리고 상징적인 행동으로 그 찾은 활로 땅을 치라고 한다. 왕은 활을 찾아서 세 번 바닥을 친다. 그때 엘리사는 "왕이 대여섯 번을 칠 것이니이다 그리하였더면 왕이 아람을 진멸하기까지 쳤으리이다 그런즉 이제는 왕이 아람을 세 번만 치리이다"라고 말하며 완전한 승리가 아닌 3번의 승리를 약속한다. 알레한드로 목사님의 강력한 말씀 선포를 따라 볼펜으로 내 앞 책상을 두드리고 있었다.

오래전 고등학교 때 선교에 헌신했으나 결혼을 하면서 선교에 대한 소망이 끝났다고 생각했다. 남편은 신학이나 선교에 관심이 있는 청년이 아니었고 사업을 하는 사람이었다. 그리고 남편의 건강 악화는 나에게 끊임없이 '이제 끝이다'라고 말하고 있었다. 내게는 일어날 것이라고 생각해 본 적도 없고 나와는 상관없을 것 같은 일들이 연달아 일어났다.

남편이 신학대학원을 졸업한 것은 시작에 불과했다. 남편이 목사 안수를 받고 개척교회를 섬기게 되다니! 평생 섬기게 될 줄 알았던 교회를 떠나게 되다니! 개척교회를 섬기던 중 그렇게 건강해 보였던 남편이 투석을 하게 되다니! 남편의 신장 투석은 낙심과 좌절, 그리고 무력감으로 다가왔으며 사역자로서 삶은 진짜 끝이라고 생각했다.

그런 남편에게 이식의 기회가 주어지다니! '평생 면역력 저하를 방지하기 위한 약을 먹어야 하니 선교사로서 어디를 갈 수 있을까? 누가 신장을 이식한 2급 장애인을 교회 담임목사로 청빙할까? 이제 사역도 선교도 아무것도 못하겠구나! 이제 평생 약으로 생명을 부지해야 하다니…' 이런저런 생각을 하다 보니 의기소침해지면서 더는 떨어질 곳 없는 나락으로 떨어지는 것만 같았다. 아직 한창 많은 일을 해야 하는 젊은 나이에 평생 약으로 살게 된 남편을 바라보자니 팔다리가 묶인 것같이 답답했다.

그런데 목사님의 설교를 들으며 '요아스 왕의 실패를 반복할 수 없다. 하나님이 작정하신 일을 이루실 때까지 믿음을 가지고 예언적인 행동을 해야겠다. 포기하지 말자'라는 생각이 들었다. 알레한드로 목사님의 메시지는 더는 떨어질 곳이 없다고 생각한 나에게 이제부터 올라갈 일만 남았다고 하시는 하나님의 메시지 같았다. 하나님의 소원과 열심은 모든 것이 합력해서 선을 이루게 하는 능력이며 완전한 승리에 대한 이야기다.

하나님은 종종 내가 할 수 있다고 생각하거나 가능성이 있다고 생각하는 일들은 무너뜨리시고, 불가능하다고 생각하는 일들은 세우시기도 한다. 내 마음을 시험하시고 단련하시며 하나님을 향해 더욱 견고히 세워 가시는 하나님 아버지는 신실하신 분이시다. 하나님은 부부 된 우리가 허락하신 비전을 따라 살기로 결정하기까지 기다리셨다. 우리에게 부으신 그 마음이 무엇이든 회복하여 기꺼이 가겠다고 결정하기를 기다리시는 하나님 아버지는 우리가 "하나님의 뜻을 이루어 주소서"라며 우리의 마음을 온전히 드리기를 원하신다.

남편이 아파서, 부모님이 사역을 반대하셔서, 나이가 너무 많아서, 우리를 후원해 줄 교회가 없어서, 자녀를 뒷바라지해야 해서, 가진 것이 없어서…. 내 안에서 일어나는 수없이 많은 '안 돼요'는 나를 무기력하게 했다. 그런데 하나님은 내 스스로 그어 놓은 넘지 못할, 넘어서는 안 되었던 너무나 연약한 인간적인 한계선을 무너뜨리기 시작했다. 하나님 앞에서의 두드림은 내 안에 무너진 선교에 대한 열정을 다시 일으켰고 그 어떤 것으로도 핑계할 수 없음을 알게 하셨다. 하나님께 넘지 못할 선은 없다. 나는 하나님이 허락하지 않은 포기를 회개했다. 나아가 주께서 이루시기까지 선교에 대한 비전을 굳게 붙잡기로 결단했다. 그리고 내가 할 일은 주신 활을 가지고 바닥을 두드리는 일이고, 선교지에 가는 일은 하나님이 하실 일이다. 나는 주가 이루시기까지 계속 두드릴 것이다.

사람의 손만 한
작은 구름이 일어나다

"하나님! 그러면 우리가 어디로 가기를 원하십니까?"

책상을 두드리던 볼펜으로 선교에 대한 나의 의지를 주 앞에 드렸다면 이제는 한 발짝 더 나아가 어디로 가야 할지 구체적으로 하나님 앞에서 묻기 시작했다. 교회 사역 아니면 선교에는 마음이 없다는 남편의 결정을 기다리며 나는 하나님께 기도하기 시작했다.

예수전도단 간사 총회에서 하나님은 이전에 주셨던 선교에 대한 비전을 회복시키셨다. 뭔가를 하기에 인간적으로 불가능한 요인이 더 많은 시기를 보내고 있었던 것이 확실한데, 하나님은 이 시기에 다시 선교에 대한 부담감을 주셨다. 하나님이 내게 말씀하신 것이 맞다면 나는 하나님이 이루실 때까지 두드리며 기다리기로 작정했다. 내가 부르신 자리에 서 있기만 한다면 내가 아니라 하나님이 하실 것이기에! 우리 부부가 영적인 싸움에서 포기하고 사탄에게 내어 줬던 고지를 다시 찾아오기 위한 시간을 이제부터 보내야 한다. 그

것은 남편의 마음에 부어 주셨던 선교 비전을 다시 일으키시는 하나님을 기다리는 것이고, 주님이 가라 하실 때 함께 가는 것이다.

어느 날 밥을 먹으며 남편에게 물었다.

"은혜 아빠, 하나님이 선교를 가라고 하면 어느 나라에 가고 싶어?"

잠시 침묵이 흘렀다. 그리고 남편은 나를 쳐다보지 않고 조용히 대답했다.

"밴쿠버."

"그래?"

선교에 대해 다시 입에 올리기 조심스러운 상황 속에서 정말 어렵게 한 질문이었다. 밴쿠버에 다녀온 후, 남편은 단호하게 "선교는 아닌 것 같다"라고 말했었기에 나의 질문에 대답을 하리라고는 생각하지도 않았다. 그러면서도 선교에 대해 기도를 하고 있었던 나는 남편의 마음을 알고 싶었다. 나는 남편이 "선교 안 간다니까!"라고 하거나 아예 대답을 안 할 줄 알았다. 남편의 의외의 대답에 나는 정말 놀랐지만 겉으로는 태연함을 유지하려 애를 썼다.

하나님은 모세에게 말씀하신 그대로, 이스라엘 백성이 밟는 땅을 주시겠다는 그 약속을 여호수아에게 다시 하셨다. 그리고 하나님은 원하는 땅을 그려 오면 주겠다고 약속하셨다. 나는 우리 부부가 갔었던 나라들을 떠올려 보며 어느 나라를 그리다 하나님의 손에 올려드리게 될까 생각했다. '어느 곳으로 가게 될지 알 수 없지만 아직 남편의 마음이 확실하지 않으니 기도하고 있으면 하나님의 때에 알게 되겠지'라고 생각했다. 그래서 우리 가정의 가장이 그리는 땅을 하나님께 올려드리기로 작정하고 남편에게 한 질문이었다.

남편의 대답 이후 나는 여호수아가 그랬듯 밴쿠버를 하나님 손에 올려드렸다. "하나님, 우리 집안의 가장이 밴쿠버랍니다." 하나님이 이미 일하고 계신다는 확신이 들었다. 그렇게 기도를 하고 나니 하나님이 우리 부부를 어떻게 가게 하실지 기대하는 마음이 커지기 시작했다.

3년 6개월 동안 가뭄으로 강퍅했던 이스라엘 백성에게 엘리야의 기도는 손바닥만 한 구름이 그 증거가 된다. 선교에 대한 그 어떤 기미도 보이지 않던 남편의 '밴쿠버'라는 말 한마디가 내겐 소나기 소리가 되어 들렸다. 그리고 저 멀리 손바닥만 한 구름 한 점이 보인다. 그 구름을 보면서 이제 떠날 준비를 하면 된다. 비를 기다리는 동안 비가 마음껏 흘러 대지를 적실 때 심을 씨앗을 준비하면 된다. 기다림에 때론 지칠 것이다. 포기하고 싶어질 때도 있을 것이다. 그러나 구름이 보이지 않았는가? 혼자가 아니라는 증거인 구름이 바람 날개를 타고 오고 계시는 하나님의 증거 아닌가? 남편의 선교에 대한 마음이 일어날 때까지 나는 내 앞에 욕심이라는 잡초가 자라지 않도록, 내 안에 낙심이라는 잡초가 자라지 않도록 수시로 점검해야 한다. 남편의 마음에 가라지가 자라지 않도록 나의 소망이신 하나님을 바라보리라.

한 번도 가보지 않은 선교의 길, 육신이 연약하여 포기했더라면 가지 못했을 길, 우리에게 없었을지도 모를 길을 내는 작업을 하자. 혼자이기에 많이 지치겠지만 그때마다 구름으로, 시원한 바람으로 함께하시는 하나님을 경험하게 될 것을 믿는다. 언제 끝날지 알 수 없는, 그러나 꼭 해야 하는 일이 선교라면 시작하신 하나님이 이루실 것을 믿기에 기도하며 기다리는 것이 아내의 역할이기에. 그리고 그 기다림 속에서 언젠가는 선교의 꽃이 필 것이고, 어떤 난관이 와도 선교의 꽃을 방해할 그 어떤 잡초도 없을 것이다. 하나님이 작정한 일은 그 어떤 난관이 와도 하나님이 반드시 이루신다.

"엘리야가 아합에게 이르되 올라가서 먹고 마시소서 큰 비 소리가 있나이다 아합이 먹고 마시러 올라가니라 엘리야가 갈멜산 꼭대기로 올라가서 땅에 꿇어 엎드려 그의 얼굴을 무릎 사이에 넣고 그의 사환에게 이르되 올라가 바다 쪽을 바라보라 그가 올라가 바라보고 말하되 아무것도 없나이다 이르되 일곱 번까지 다시 가라 일곱 번째 이르러서는 그가 말하되 바다에서 사람의 손만 한 작은 구름이 일어나나이다 이르되 올라가 아합에게 말하기를 비에 막히지 아니하도록 마차를 갖추고 내려가소서 하라 하니라 조금 후에 구름과 바람이 일어나서 하늘이 캄캄해지며 큰 비가 내리는지라 아합이 마차를 타고 이스르엘로 가니 여호와의 능력이 엘리야에게 임하매 그가 허리를 동이고 이스르엘로 들어가는 곳까지 아합 앞에서 달려갔더라"(왕상 18:41-46).

부부가 연합하여 동거함이
어찌 그리 선하고 아름다운지요

선교에 대한 나의 확신은 커져만 가는데 한참을 기다려도 남편의 마음이 바뀌지 않자 '나 혼자라도 선교를 떠나기를 원하시는 건가?' 하는 고민이 되었다. 그때 어떤 꿈을 꿨다.

추석 연휴라 사람들이 고향으로 내려가는 바람에 고속도로가 주차장 수준이었다. 우리가 다녀와야 할 시댁과 친정은 서울과 일산이라 과천 의왕 간 고속도로를 향해 갔다. 우리 집은 과천 의왕 고속도로 바로 옆에 붙어 있어서 고속도로로 나가는 초입만 밀리지 상행선 고속도로는 한산하고 운전하기가 수월하다. 톨게이트를 가볍게 통과하여 시댁으로 가는 길이 어쩌면 이렇게 편한지! '역시 고속도로를 이용하면 편안하게 쉽고 빠르게 갈 수 있어 좋아' 하면서 잠에서 깼다.

'이게 무슨 꿈인데 이렇게 생생한 거지?'

평소에는 꿈을 꾸어도 무슨 꿈인지 잘 생각나지 않는데 이 꿈은 너무나 생생했다. 우리나라 연휴에 막히지 않는 도로가 어디 있고, 붐비지 않는 길이 어디 있으랴. 그러나 어쨌든 꿈에서는 과천 의왕 간 고속도로는 뻥 뚫려 있었으니, 이런 시시한 꿈 같지도 않은 꿈이지만 '내 길이 시온의 대로처럼 뻥 뚫리려나?' 하는 생각으로 기분 좋게 하루를 시작했다.

며칠 후 연휴라 시댁을 방문하게 되었다. 시댁이 있는 일산으로 가기 위해 과천 의왕 간 고속도로에 들어섰다. 시온의 대로는커녕 고속도로는 주차장이 되어 자동차들이 옴짝달싹을 못하고 서 있었다. 겨우 집 앞을 나왔는데 오도 가도 못 하고 거의 한 시간 넘게 고속도로에 서 있었다. 어떻게 하면 될까 좌우를 둘러보니 오른쪽에 지방도로로 빠지는 작은 길 하나가 보였다.

"우리 저 길로 빠질까?"

운전대를 쥐고 있는 남편을 슬쩍 바라보았다. 남편은 대답 대신 조용히 차 머리를 그쪽으로 돌려 서서히 고속도로를 빠져나갔다. 의왕시로 들어가는 길이었다. 서울을 오가며 이정표를 늘 보았지만 사실 한 번도 가본 적이 없었다. 도시 안으로 들어오니 도로와 인도에 고속도로만큼이나 차와 사람이 바글바글했다.

신호등이 있으니 고속도로보다 더 막히는 것 같았다. 내가 이리로 들어가자고 했으니 남편이 운전 중 짜증을 내지는 않을까 불안해졌다. 오늘 안에 시댁에 도착이나 하려는지! 지나가는 신호등마다 걸리고 좌회전을 해야 하는지, 우회전을 해야 하는지 신경 쓸 일이 더 많았다. 괜히 들어오자고 했나 싶어 불편해지기 시작했다. 고속도로는 한번 방향을 잡으면 목적지까지 가는 데 어려움이 없지만 도시 안으로 들어와 방향을 이리저리 바꾸다 보니 방향 감각까지 잃어버릴 지경이었다. 어느 쪽으로 가야 일산으로 가게 되는지 운전하는 남편보다 내가 더 긴장되었다. 고장 난 나침반이 방향을 잃고 뱅뱅 도는 것 같았다. 우리가 서 있는 곳에서 어디로 가야 할지 정말 방향을 아예 잃어버렸다.

내비게이션도 없던 때라 참 난감했다. 많은 운전자들, 특히 남편들이 그렇듯이 사실 내 남편도 내가 옆에 앉아서 이리 가라 저리 가라 말하는 것을 싫어한다. 그런데 옆에서 돕지 않으면 오늘 안에 도착할 것 같지가 않았다. 신호등마다 서느라 바쁘고 분주한 곳을 운전하자니 차가 가다 서다를 반복했다. 급정거에 긴장한 나는 자동차 손잡이를 꼭 잡고 앉았다. 소수석에 앉은 나는 눈치를 보면서 방향을 말하기 시작했다.

"저기에 일산 가는 이정표가 보이네."

남편보다 길을 잘 기억하는 나는 남편의 내비게이션이 되어 안심도 시키고 방향도 알려주었다. 우리는 협업을 했다. 비록 시댁까지 가는 시간이 평소보다 오래 걸렸지만 우리 가족 모두 안전하게 시댁에 도착했다.

꿈에서 본 과천 의왕 간 고속도로는 나의 마음을 나타낸 것 같았다. 나는 선교를 포기했던 죄송한 마음을 만회하고 싶어 조급했다. 선교에 대한 마음을 회복하고 나니 그저 남편보다 조금 먼저 회복되었을 뿐인데 남편의 요지부동에 점점 지쳐갔다. 남편의 마음이 바뀌지 않으면 혼자서라도 선교를 떠나고 싶었다. 남편이 아프니 나의 이런 결정을 인정받을 수 있을 것이라고 생각했다. 빨리 떠나고 싶은 마음에 모든 것을 훌훌 털고 부담 없이 나 혼자라도 떠나고 싶었다. 남편의 마음을 기다리지 않아도 되고 아내로서의 부담도 내려놓으며 인간적인 마음의 자유를 누리고 싶었는지도 모르겠다. 남편의 느린 결정에 대해 판단하는 마음도 가졌다. '선교를 한다더니 도대체 뭐 하는 거지? 이럴 바에는 나 혼자 떠나는 게 낫겠다.' 선교에 대한 마음이 없는 남편에 대해 미운 마음이 들었다.

인격적인 하나님은 언제나 문을 두드리시고 우리가 문을 열 때까지 기다리시는 분이다. 하나님은 서두르시는 법이 없다. '하나님이 남편을 기다리시듯 나도 기다리기를 원하시는구나. 이런 나에게 하나님은 꿈을 통해 말씀하셨구나! 꿈을 통해 나의 현 주소를 바라보기 원하셨구나! 하나님은 내게 질문하신다. '혼자 빠르게 가고 싶니, 아니면 네게 허락한 남편과 같이 가겠니? 너는 어떤 선택을 하고 싶니?'

하나님을 기뻐하는 자라면 무엇을 이루기보다 하나님의 마음을 보아야 한다. 남편을 만드신 하나님의 마음을 따라가려면 남편에 대한 진심 어린 배려와 기다림이 필요하다. 하나님은 나에게 빨리 가기를 원하지 않으신다. 부부 된 우리가 함께하기를, 함께 가기를 원하신다. 일이 아니라 순종이고 사랑이다. 함께 가면 늦어질 수는 있다. 그러나 멀리 갈 수 있다. 아프리카 속담에 "빨리 가려면 혼자 가고, 멀리 가려면 함께 가라"라는 말이 있다. 나 혼자 가면 빨리 갈 수는 있겠지만 멀리 갈 수는 없을 것이다.

"보라 형제가 연합하여 동거함이 어찌 그리 선하고 아름다운고"
(시 133:1).

밴쿠버에 왜 오려고 하세요?

"밴쿠버에 왜 오려고 하세요? 밴쿠버가 얼마나 살기 힘든 땅인지 아세요?"

부모님의 반대에도 밴쿠버 목회자 제자훈련학교를 마쳤고 오랜 고민과 기도 끝에 마음을 정한 남편과 사역하게 될 밴쿠버로 들어가기 위한 절차를 밟아 갔다. 그런데 준비의 막바지에 이른 어느 날 밴쿠버에 있는 지인으로부터 연락이 왔다.

'아니, 갈 날도 며칠 안 남았는데 그동안 전화 한 번 없더니 왜 이제야 전화를 해서는 사람의 마음을 흔들어 놓는 거야?'

반가운 마음에 인사를 하기도 전에 이렇게 말하니 마음이 불편했다. 캐나다로 떠나기 위해 해결해야 할 과정들을 겨우겨우 힘들게 다 넘어섰는데 이게 무슨 소리란 말인가! 어떻게 전화 한 통이 이렇게 사람의 마음을 후벼 파는 걸까? 평소 자주 왕래하던 사이는 아니었지만 그래도 반가운 사람이라 좋은 소식을 전할 줄 알았는데, 오히려 우리의 선택이 잘못됐다고 훈계하고 야단치는 소리처럼 들렸다.

하나님이 가라고 하셔서 그렇게 나그네처럼 떠나기로 결정한 것이었다. 세상적인 욕심 없이 말씀으로 확인하고 준비한 일이었다. 그런데도 이 연약한 인간은 지인의 한마디에 하나님이 하신 말씀은 하나도 기억이 나지 않았고 마음은 급속도로 우울해졌다. 두려움에 잠도 오지 않았고 매일 눈물만 흘렸다. 가진 것도 별로 없었지만 팔 수 있는 것은 다 팔았고 이제는 돌이킬 수도 없었다.

한국을 떠나려고 결정했을 때 그 누구도 우리의 앞을 막지 못할 것이라고 생각했다. 그런데 전화 한 통에 자신감이 없어지고 마음이 쪼그라들다니…. 남편의 나이 쉰을 넘기고 늦은 나이에 본토 친척 아비 집을 떠나기로 겨우 결정한 건데…. 불현듯 올라온 두려운 마음은 '캐나다에 가기로 한 선택이 정말 잘한 일일까?' 하는 것이었다. 고민하다가 언제 졸았는지 깨어보니 새벽 3시였다.

'하나님, 어떻게 할까요? 하나님이 가라고 하신 땅이 맞나요?' 하고 물었다. 수도꼭지에서 이어서 떨어지는 물방울처럼 이사야 61장 4절의 말씀이 떠올랐다.

> "그들은 오래 황폐하였던 곳을 다시 쌓을 것이며 옛부터 무너진 곳을 다시 일으킬 것이며 황폐한 성읍 곧 대대로 무너져 있던 것들을 중수할 것이며."

성경을 펴 들었는데 '내가 가라고 한 땅 맞다'라고 말씀하시는 것 같았다.

그 땅이 황폐한 곳이라면, 무너진 곳을 보수해야 하는 곳이라면,

우리 부부가 가려는 곳은 힘든 땅이 맞다. 가정을 세우는 사역을 위해 부르심을 받았다고 믿었기에 쉬운 일이라고 생각하지는 않았다. 즐거움을 위해 떠나는 여행이라도 재미만 있는 것은 아니다. 부르심을 따라 가는 밴쿠버가 놀러가는 곳도 아닌데 힘든 땅이 맞겠구나 하는 생각이 드니 오히려 하나님이 주시는 평강이 찾아 들었다. 하나님이 누구보다 나를 잘 아시니 연약한 나에게 흔들리지 않는 확신을 주시고자 함이었을까?

다음 날 딸의 말을 통해 한 번 더 확신하게 됐다. "엄마, 하나님이 가라고 하신 곳이라면 아무리 힘들어도 우리가 가고 싶어서 가는 땅보다 평안하지 않을까? 덜 힘들지 않을까?"

새벽에 주신 말씀과 딸의 말은 용기가 되었다. "무엇을 두려워하느냐? 내가 함께 갈 것인데…."

자녀에게 가장 좋은 것 주기를 기뻐하시는 아버지의 이름을 묵상하니 주님의 평안이 찾아왔다. 지인의 전화를 허락하신 것은 이미 하나님께서 정하신 땅으로 가고자 결정한 내 마음을 흔들어 놓기 위함이 아니었다. 밴쿠버에 왜 가는지 기억하라는 메시지이자, 어떤 어려움이 오더라도 흔들리지 말라는 하나님의 최종 결재 도장이라는 생각이 들었다.

인생은 당황스럽고 해결해야 하는 문제들로 가득 차 있다. 그럴 때마다 자녀들을 향한 하나님의 사랑과 계획, 하나님의 성품을 생각한다. 밴쿠버로 가라는 마음을 주셨던 하나님 아버지의 마음과 하나님의 성품인 신실하심, 그리고 내가 누구인지를 정확하게 인식할 때 당면한 문제가 없어지거나 해결되는 것은 아니지만 인내하게 되고 포기하지 않게 된다.

우리 부부는 싸던 짐을 마저 싸고 캐나다행 비행기에 올랐다. 우리와 늘 함께하겠다고 약속하신 하나님은 우리가 어디를 가든 지키시고 보호하실 것이며, 어쩌다 비틀거리고 넘어질지라도 우리의 손을 잡아 일으켜 주실 것을 확신한다. 약속하신 것은 반드시 이루시는 하나님을 신뢰한다. "선택은 내가 하고 책임은 하나님이 지실 거야. 하나님은 나의 아버지니까!" 그분이 들으실 줄 알기에 낮은 목소리로 중얼거린다.

"여호와께서 사람의 걸음을 정하시고 그의 길을 기뻐하시나니 그는 넘어지나 아주 엎드러지지 아니함은 여호와께서 그의 손으로 붙드심이로다 내가 어려서부터 늙기까지 의인이 버림을 당하거나 그의 자손이 걸식함을 보지 못하였도다 그는 종일토록 은혜를 베풀고 꾸어 주니 그의 자손이 복을 받는도다"(시 37:23-26).

4장

비빌언덕

● 사모 ● 사모의 길 ● 밴쿠버 비빌언덕 사모의집 ● 마음에서부터 필요한 비빌언덕 ● 전능자의 그늘을 밴쿠버에서 꿈꾸다 ● 'Doing'이 아닌 'Being' ● 세상의 논리가 아닌 하나님의 논리로 ● 잊지 못할 한마디, '사모님이 비빌언덕이 필요하겠네요' ● 사모들을 위한 빛의 향연 ● 쉼이 필요하다 ● 영양제 보내기 ● 어느 사모님의 소원 ● 어머니, 그 여성을 위한 기도

사모

　나를 위해 기도해 주는 분이 지난 밤 꿈을 꾸었다고 전화를 했다. 많은 사람이 배를 타고 이민을 가는 꿈을 꿨다고 했다. 그런데 그 사람들이 정착하지 못하고 해변에 탈진해 쓰러져 있었다는 것이다. 그 이야기를 들으면서 쓰러져 있던 사람들이 사모라는 생각이 들었다. 그분은 단순히 자신이 꾼 꿈 이야기를 한 것뿐인데 사모의 삶을 알고 이해하는 나로서는 그 이야기가 머릿속에 깊이 남았다.
　새로운 곳으로 이사를 할 때 우리는 모두 다양한 부담감을 가지고 짐을 싸고 푼다. 많은 사모들이 남편의 사역지에 따라 이곳저곳으로 옮겨 다닌다. 옮겨 가는 것이 문제가 아니라 삶의 안정에 대한 약속이나 보장 없이 무조건 가야 한다는 것이 문제다.
　사모라는 자리가 편한 자리라고 생각하는 사람은 없을 것이다. 사모로서 교회 안에서 여자들끼리 할 수 있는 편안한 수다는 생각하기 어렵다. 주어진 자리를 지켜야 하며, 교회라는 공간 안에서 누군가와 특별한 관계를 맺기도 쉽지 않다. 같은 여성으로서 정작 그 어느 그룹에도 속하지 못하고 안전하고 보호받는 공간을 찾기 어려운 것이 사실이다. 아무도 뭐라고 하지 않는데 뭔가를 해야 할 것 같은 부담감이 늘 있다. 사모가 누군가에게 마음을 열고 나누기를 결정한다는 것은 어느 정도 위험부담을 감수하겠다는 뜻이다.

사람과 사람 사이에 서로 입장 차이가 있는 것처럼, 누군가가 사모가 나누는 삶에 대해 오해 없이 그 상황을 있는 그대로 받아들이고 이해하기는 쉽지 않다. 틀린 것이 아닌 다름으로 일어날 수 있는 상황은 누구나 자기 입장에서 해석하고 이해하기 때문이다. 또한 사모는 성숙한 사람일 것이라는 선입견과 과거 다른 사모로부터 받았던 상처로 인한 편견도 사모를 잘못 판단하는 데 영향을 주는 것 같다. 사모는 이러해야 한다고 기대하는 것도 사모를 힘들게 하는 일에 한몫한다.

모든 사람은 성장의 과정을 거친다. 탄생에서부터 시작하여 유년기, 아동기, 청소년기 그리고 청년기를 거쳐 장년기에 이른다. 태어나자마자 성인이 될 수도 없고, 어떤 시기를 건너뛰고 바로 성인이 될 수도 없다. 육신의 성장뿐 아니라 정서적, 영적인 성장에서도 마찬가지로 과정이 필요하다. 모든 과정을 거쳤다고 다 건강한 성인이 되는 것은 아니다. 겉모습은 건강하게 잘 자란 성인이지만 생각하고 행동하는 것이 어린아이와 같은 사람을 보기도 한다. 우리 모두 완전하지는 않지만 그 연령에 맞는 육체적인 성장과 정서적인 성장을 이루었을 때 그 사람을 건강한 사람이라고 한다.

성도들이 사모이기 때문에 모든 것을 잘할 것이라고 생각하지 않았으면 한다. 사모로서의 건강한 정체성 형성 과정과 죽기까지 거쳐야 하는 영적인 성화의 과정 가운데, 그 성장의 모습에도 사모마다 개인 차가 있다. 우리는 모두 공사 중이고, 사모 또한 공사 중이다. 완전한 성장을 이룬 사람처럼 대할 때 사모는 그 어디에도 설 자리가 없게 되며, 그 기준에 맞추지 못할 경우 사모는 그 성장에 방해를 받게 된다. 우리 모두 성장하는 데 각 개인마다 차이가 있듯이, 사모도 사모마다 성장에 차이가 있는 것은 당연하고 자연스러운 일이다.

사모가 교회 안에서 건강하게 세워지도록 기도하고 격려함이 필요하다. 교회의 한 구성원인 사모가 교회의 빈자리를 잘 메꾸며 기도하는 사모로 세워지도록 기다려 주는 일은 사모로서 더욱 겸손하게 하는 힘이 된다.

사모의 길

　결혼한 지 3년 만에 신학을 하게 된 남편으로 인해 사모로 산 지 어느새 30년이 훌쩍 넘었다. 어려서부터 교회에 다니면서 교회의 어른들로부터 받기만 하던 사랑을 이제는 주어야 하는 자리에 서게 된 것이다.
　사람은 누구에게나 지고 가야 하는 십자가가 있다. 사모도 사모로서 지고 가야 하는 십자가가 있다. 사모가 된 것이 자의에 의해서든 타의에 의해서든 그 부르심의 자리에 있는 것이 소중하다. 누군가 사모로서 그 길을 가고 있다면 사모의 자리에 있다는 것 자체만으로 등을 두드려 주고 안아 주고 싶다.
　바람이 세면 배의 속도가 빨라진다. 성화된다는 것은 내가 없어지고 주님으로 사는 것인데, 사모의 길은 성도들이 주께 빨리 가도록 돕는 바람이라고 생각한다. 히브리 격언에 "하나님은 부서진 것들을 사용하신다"는 말이 있다. 사모의 자리는 하나님께서 자신을 부수시도록 드리는 자리다. 쉬운 자리는 아니지만 주께서 허락하신 복된 자리다. 주께서 허락하신 자리에서 자기 십자가를 지고 가는 것은 모든 성도의 마땅한 도리다. 기쁘게 지고 갈 것인가, 억지로 지고 갈 것인가는 사모 자신에게 달려 있다.

살아오면서 작은 시내를 건너니 좀더 넓고 깊은 물이 기다렸고, 작은 산을 넘으니 좀더 오르기 힘든 높은 산을 넘어야 했다. 그러나 지금까지 걸어온 길을 돌아보니 못 건널 강도 없었고, 못 넘을 산도 없었다.

산을 넘고 물을 건널 때 함께하겠다고 약속하신 주님이 늘 동행하셨다. 하나님이 사모로 살도록 허락하셨다는 믿음은 내게 모든 것을 견딜 힘이 되었다. 사모로서 감내해야 하는 많은 어려움이 존재하지만, 주님을 경험할수록 고난이 유익이라는 말씀을 차츰 이해하게 된다. 누군가를 세우고 격려하며 위로할 때 주님이 주시는 기쁨이 있었다. "왜 또 이런 일이…주님, 감당하기 너무 어렵습니다"라고 고백하며 눈물을 뿌리고 주님 앞에 엎드리고 낮아지게 하는 시간들이었지만 주님이 다 하셨다고 고백하게 된다. 셀 수 없이 많은 시간 동안 말할 곳 하나 없어 외로움으로 견딘 시간들이 도리어 나를 나 되게 하는 주님의 은혜였음을 고백하게 된다. 무엇보다 이로써 주님과 나만 아는 비밀을 갖게 되었다.

근처 공원을 산책하며 개울가에서 들리는 물소리에 종종 멈춰 선다. 그 소리는 마치 내게 음악 소리 같다. 크고 작은 돌멩이들부터 바위까지 모두 물의 길을 만들어 준다. 돌멩이들은 흙탕물을 잠재우고, 어디서부터 흘러내려왔는지 모르는 잔가지들을 잡아주며, 물을 정화해 준다. 흐르는 물은 작은 돌을 넘을 때는 소리를 내지 않는다. 큰 바위를 넘거나 지나갈 때 소리를 낸다. 이처럼 내 삶의 크고 작은 문제들은 돌이 되고 바위가 되어 내 안의 죄성과 어둠을 걸러주고 정화해 주는 역할을 해왔다. 피하고 싶은 장애들이 오히려 내 삶을 풍요롭게 해주었다. 오늘도 내게 아름다운 음악 되게 하는 하루임을 확신하며 감사한다.

밴쿠버
비빌언덕 사모의집

사모로 산다는 것에 대한 긍휼히 여기는 마음이 있다. 예전에 비해 많이 변했지만 한국의 사모상은 넉넉지 못한 삶에 너무나 많이 억눌리고 일그러져, 남편을 사모하며 말없이 뒷바라지해야 훌륭한 사모로 인식된다. 울고 싶어도 제대로 울지 못하고, 운다 할지라도 스스로의 한으로 우는, 온 교회 성도들이 시어머니가 되어 지켜보는 바늘방석 같은 자리! 자기 자신을 위해서는 돈 한 푼 마음대로 쓰지 못하면서도 아이들을 마음껏 뒷바라지해 주지 못해 미안해하는 자리! 요즘은 많이 자유로워졌지만 그래도 여전히 어려운 자리인 사모의 자리! 잘 입어도 안 되고, 못 입어도 안 되고…. 아버지께 목 놓아 운다 한들 얼마나 시원하며 그 가슴의 답답함이 풀어지겠는가? 물론 신앙의 연수가 높아지면서 점차 성장해 성숙한 여성으로 하나님 앞에 서겠지만.

성숙의 과정으로 가기 위해서는 자신을 바라볼 수 있는 여유로운 시간이 필요하다. 외로움에 가슴 답답한 시간들을 보냈을 그 여인들이 소문날 걱정 없이 자기의 답답함을 털어버리고 갈 만한 그런 곳이 있다면 참 좋겠다. 기도원도 많고, 휴양지도 많고, 전문적인 상담가들도 도처에 있지만, 때론 그저 아무 생각 없이 쉴 때 자신의 모습을 볼 수 있는 힘이 생긴다. 내가 누구인지, 무엇을 위해 사는지, 어디를 향해 가고 있는지 등을 알지 못하고 걸어갈 때 그 삶은 지치고 낙심하게 된다.

쉼은 도약의 장소가 되고, 또 다른 달리기를 위한 충전의 장소가 된다고 생각한다. 사모들을 위한 그런 쉼의 장소가 있다면 참 좋겠다. 남편을 도와 목회를 하다가 맘 편히 다리 뻗고 쉬면서 위로를 얻고 싶을 때, 말 한마디 겨우 떼는 선교지에서 누구 한 사람과도 소통할 수 없을 뿐더러 사역으로 바쁜 남편의 뒷바라지와 아이들 교육과 놀이를 혼자 떠맡다시피 한 외로움 가운데 있을 때 친정과 같이 느껴지는 곳이 있다면 얼마나 위로가 될까!

장소가 거창하지 않아도 좋다. 아기자기 사랑스럽고 산책하기 적당한 곳이 가까이 있고 방문하는 사모들의 마음과 눈과 입이 절로 편안해지는 곳! 자고 싶으면 자고, 성경 읽고 싶으면 성경 읽고, 기도하고 싶으면 기도하고, 산책하고 싶으면 산책하고, 온종일 수다 떨고 싶으면 수다 떨 수 있는 곳! 그런 곳을 꿈꾼다. 별다른 프로그램은 없을 것이다. 지천에 깔린 것이 치유 프로그램, 성장 프로그램이니. 정말 쉬고 싶은 사람을 오게 하고 싶다. 최종 목적은 쉼과 더불어 하나님의 사랑을 알게 하고 앞으로 계속 걸어가야 할 길의 방향을 알도록 돕는 것이 될 것이다. 그리고 가능하다면 여성으로서 회복의 첫걸음이 되는 장소이기를 소망한다.

사모들의 쉼을 꿈꾸는 쉼터가 구체화되기를 기도한다. 이 일에 같은 마음을 품은 사람을 만나게 되기를! 가정에서 아내가 행복할 때 가정이 잘 세워져 가는 것처럼, 목사의 가정이 화평해야 교회도 건강하다. 사역에 지쳐 있는 목사로 인해 안타까워할 때, 그 뒤에서 눈물로 수고하는 그림자 같은 사모의 마음을 헤아려 주는 분들이 있다면 교회는 더 따뜻해질 것이다. 이 일에 대해 같은 마음을 가진 분들이 가까이 계셔서 함께하면 참 좋겠다.

마음에서부터 필요한
비빌언덕

    밴쿠버는 자연이 하나님이 만드신 그대로 잘 관리된 아름다운 곳이다. 보이는 곳마다 초록이라 쉼과 위로, 마음의 치유가 저절로 일어난다. 유심히 들여다봐야만 보이는 작은 풀꽃 한 송이, 풀 한 포기에 눈이 가고 마음이 간다. 새끼 손톱보다 더 작아 허리를 숙이고 들여다봐야 보이는 꽃, 하늘빛을 띤 꽃마리를 보자니 그 이름을 조용히 불러 주었을 누군가의 마음이 느껴진다. 죽어 가는 나무에 다닥다닥 붙은 이름 모를 버섯들은 따다 먹을 수는 없지만 사람들이 옹기종기 모여 앉은 모습처럼 보여 너무나 귀엽다.

    투박한 나무 다리 아래로 콸콸콸 흘러가는 물소리가 힘차고 시원하여 더위를 씻겨준다. 큰 바위, 작은 바위, 깎이고 깎여 동글동글 반질반질해진 돌멩이가 물가와 물속에 편안하게 자리를 잡고 앉아 있다. 어디서부터 시작되었는지 모를 물결이 바위와 나무를 치고 반으로 나뉘어 돌아가기도 하고 장애물을 넘어가기도 한다. 흐르는 물결을 따라 흘러 내려오다 멈춰 선 작은 돌멩이는 잔물결이 만지작거릴 때마다 고운 색을 입는다. 물길을 따라가다 부딪히며 내는 물소리는 악보 없는 자연의 교향곡이다. 계절마다 다른 연주를 하는 것이 마침표가 없는 도돌이표 연주 같다. 비발디가 '사계'를 이런 곳에서 작곡하지 않았을까?

물의 흐름을 방해할 것이라고 생각한 바위와 자잘한 나뭇가지들은 천연 거름망이 되어 물을 정화하고 작은 생물들의 쉼터가 되기도 한다. 비가 많이 내린 날에는 물살이 부딪히는 곳에 따라 큰 북을 연주하기도 하고, 물의 흐름이 느린 곳에서는 첼로의 중저음 연주 소리를 듣는 듯하다. 바람이라도 불어 나뭇잎이 차르륵 소리를 낼 때는 피아노 연주 소리에 버금간다. 생을 다해 쓰러지고 넘어진 나무에서 세월의 무상함을 느끼기보다 자연의 회복을 돕고 태고의 숲의 신비를 만드는 자기 희생이 보인다.

작은 풀로부터 하늘을 찌르는 나무까지 서로에게 자리를 내어주고 공존하면서 작은 새가 쉬어갈 보금자리가 되고 동물들의 쉼터가 된다. 구름과 나무와 꽃과 바람이 어우러진 곳, 더 자리를 차지하겠다고 경쟁하지 않고 더불어 살아가며 서로를 보듬고 치유하며 숲을 더 우거지고 깊게 만들어 준다.

산책을 하면서 나는 왜 사모님들이 생각날까? 가진 것이 없음에도 계속해서 주어야 하는 사모님들이 잠시 이렇게 아름다운 자연에 와서 쉼을 얻고 다시 삶의 현장으로 돌아갈 수 있다면 얼마나 좋을까? 이렇게 산책하는 것만으로도 위로가 되고 힘을 얻는데 우리 사모님들도 이런 것을 누릴 수 있다면 얼마나 좋을까? 사모님들이 자연을 누리며 여유를 갖고 인생을 바라보는 시간을 가질 수 있었으면 좋겠다.

하나님이 내가 무엇을 하기를 원하신다고는 생각하지 않았다. 그저 단순히 '나와 같은 부재를 경험한 사모님들에게 잠시나마 위로를 줄 수 있다면 얼마나 좋을까?'라고 생각했다. 그래서 꿈을 꾸었다. '이렇게 아름다운 땅에 사모님들을 위한 쉼터가 있다면 얼마나 좋을까?' 하는 꿈이다.

나는 큰 교회의 담임목사 사모도 아니요, 그렇다고 학식이 높은 사람도 아니다. 나 혼자 살아내기도 버거운데 다른 사람을 떠올리다니 나로서는 가능한 일이 아니다. 내 뜻이나 욕심이 아니니 분명 그분이 내 안에 부으신 소원이리라. 마음에 소원을 심으시고 이루시기를 기뻐하시는 하나님이 내 안에 그런 생각을 불어넣으신 것이 확실하다. 어쩌면 어려움 가운데 있는 사모님들에 대한 마음을 갖게 하기 위해 내게 어려움들을 겪게 하신 것은 아닐까? 나를 보며 그렇게 말하는 사람들을 더러 만나기도 했다.

내가 아파서 좀더 공부한 것이 나를 이해하고 다른 사람을 이해하는 도구가 되었다. 나는 성격은 밝고 사교성도 있지만 사람들이 많은 것보다 소그룹을 좋아한다. 사람들을 싫어하지는 않지만 먼저 연락을 하는 편도 아니다. 그런 나에게 하나님은 누군가를 위로하고 살리는 일을 꿈꾸게 하셨다.

자연에 답이 있었다. 사계절과 삶과 죽음을 만들어내는 자연을 통해 결국 나에게도 삶의 끝이 있음을 보게 된다. 살아 있는 동안 풀 한 포기, 바람 한 점이 내게 주었던 그 의미처럼 나도 누군가에게 그런 의미가 되기를 바란다. 그리고 그것이 차차 넓어지고 깊어지기를 원한다. 주님이 나를 그렇게 의미 있게 지으셨으니 말이다.

고통 가운데 있는 사모님들, 쉼이 필요한 사모님들과 이런 자연을 밴쿠버에서 같이 나누고 싶다. 내가 누리는 평안의 일부가 자연 묵상을 통해 왔기에 자연을 통해 말씀하신 하나님을 나누고 싶다. 그리고 언젠가는 사모님들에게 장소를 제공해 주고, 원할 때는 언제든지 와서 맘껏 자고, 쉬고, 누릴 수 있는 공간을 열고 싶다. 가능하다면 쉼이 필요한 모든 여성들에게까지 확대하고 싶다. 쉼을 통한 도약을 꿈꾸는 비빌언덕이 되고 싶다. 이런 마음은 구름처럼, 솜사탕처럼 커져갔다. 그 마음을 따라가다 지어진 이름이 '비빌언덕 사모의 집'이다. 이름만 들어도 위로가 되고 기대어 쉬고 싶어지게 지었다.

하나님은 참으로 놀라운 분이시다! 내가 약할 때, 가진 것 없고 자랑할 것이 없을 때 어떻게 이런 생각을 할 수 있게 하셨는지 모르겠다. 바위에 부딪히고 나무에 걸려 넘어지면서 어떻게 돌멩이를 사랑하고 나무를 좋아할 수 있는 걸까? 작은 꽃을 발견하면 좋아하는 나를 사람들이 신기하게 보든 말든, 물 소리가 음악 소리로 들린다고 말하며 사모님들에게 보여주고 들려주고 싶어 한다는 면에서 나는 좀 모자란 사람일지도 모른다. 그럼에도 그것은 분명히 내게 주시는 하나님의 특별한 은혜다. 하나님의 도우심으로 살아갈 수밖에 없는 나로 하여금 하나님을 자랑하게 하시려고 나를 선택하신 것이다.

"그러나 하나님께서 세상의 미련한 것들을 택하사 지혜 있는 자들을 부끄럽게 하려 하시고 세상의 약한 것들을 택하사 강한 것들을 부끄럽게 하려 하시며 하나님께서 세상의 천한 것들과 멸시받는 것들과 없는 것들을 택하사 있는 것들을 폐하려 하시나니 이는 아무 육체도 하나님 앞에서 자랑하지 못하게 하려 하심이라"(고전 1:27-29).

전능자의 그늘을
밴쿠버에서 꿈꾸다

어느 날 밴쿠버의 초록으로 가득 찬 공원을 걸으며 하나님의 꿈의 씨앗이 내 안에 심겼다. 어디 하나 기댈 곳 없고 사역과 가난의 짐을 지고 살아가는 나와 같은 사모들을 위해 내가 뭔가 해줄 수 있으면 좋겠다는 마음이 들었다.

'사모님들은 쉼이 필요해. 공간적인 비빌 언덕이 필요해. 떠나는 것만으로도 쉼이 될 텐데 쉬다가 비빌 언덕 되신 주님과 깊이 만날 수 있다면 좋을 텐데.' '언제든지 원할 때 집을 떠나서 쉴 수 있는 곳을 준다면 얼마나 좋을까?'

그러나 마음속에서 떠오르는 생각과 현실은 너무나 달랐다. 내가 줄 수 있는 것이 아무것도 없다는 것이 안타까웠다. 우리 가정에 빈방을 만들어서라도 쉼이 간절히 필요한 사모님들이 와서 쉬게 하고 싶었다. 그러다 작은 기회가 생겼다. 작은딸이 학비를 벌러 잠시 집을 떠나게 되었고, 쉼이 필요한 사모님이 오셔서 그 방을 사용하게 되었다. 우리 온 가족이 한 방을 써야 하더라도 사모님들과 함께 나누는 것이 내 마음을 더 가볍게 해주었다. 하지만 장성한 자녀들의 개인 공간을 언제까지나 침범할 수는 없는 일이었다. 가끔 누군가를 다녀가게 할 수는 있겠지만, 사모님들이 언제든지 오가게 하는 일을 개인적인 공간에서 지속할 수는 없었다.

어떻게 해서든지 사모님들을 섬기고 싶은 마음이 사라지지 않았다. 삶에 지쳐 쉼을 간절히 원하는 사모님들에게 며칠이라도 집을 떠날 구실을 만들어 주고 싶었다. 그러나 아이들은 학비가 없고, 이번 달 월세도 낼 수 있을지 모르고, 10달러 쓰기가 아깝고, 길을 잃으면 시간보다는 자동차 기름값이 아깝던 그 시절, 불확실성을 감수하며 새로운 목적을 향해 나아가는 것이 쉽지 않았다. 그런데도 뜨거운 마음만으로 이 일을 실행해야 한다고 생각하며 사모축제를 위한 장소를 물색하러 다녔다.

그리고 교회에서 전도 집회를 준비하듯이 일당백으로 우리 네 가족이 여선교회가 되고 남선교회가 되었다. 정말 사방팔방으로 뛰어다녀야 했다. 사모님들을 초청하고, 프로그램을 계획하고, 장을 보러 다녔다. 주방, 행정실, 예배실 등에서 필요한 일들을 챙겼다. 손님들의 시간에 맞춰 공항에서 픽업하고, 숙식 공간을 준비하고, 선물과 프로그램을 위한 자료도 준비했다. 준비한 모든 것을 사모축제 장소로 옮기고 세팅하는 것도 하숙생 포장 이사 수준이다. 섬김이 매우 세밀하다 보니 한 페이지의 지면으로는 부족할 정도였다.

그렇게 매년 하다 보니 내년이면 10회가 된다. 매년 사모축제를 하면서도 매년 가장 큰 부담 중 하나가 이 섬세한 사역을 위한 장소를 찾는 것이다. 이는 사모축제 비용 중 장소가 가장 큰 비중을 자지하기 때문이다. 사모님들이 편안하게 쉬며 모임을 가질 수 있는 장소를 찾는다는 것은 만만치 않은 일이다. 사모축제에서 쉼의 과정 중 정서가 풀어지는 것이 중요한데, 그러려면 다른 사람의 방해를 받지 않으며 영과 육이 편안해지고 사랑받고 있다고 느낄 수 있는 아늑한 장소가 필요하다.

서양인들이 운영하는 숙소는 깔끔하지만, 그 비용은 사용 일수에 따라 천차만별이다. 만약 이런 장소를 이용하면, 비용이 몇만 불을 넘기기 일쑤인 것이다. 몇만 불을 준비하는 것도 간단하지 않지만, 준비가 되어도 한국인에게 맞지 않는 숙식 조건이 붙는 경우가 많다. 예를 들어, 숙소를 이용하면 그들이 제공하는 서양식 음식을 반드시 먹어야 한다는 조건이 붙는다. 정서를 풀어주는 한식을 한 번도 먹을 수 없는데 거액의 비용을 지불할 수는 없다. 이런 이유로 숙소 선택은 어려운 일이다.

몇 년 전 코로나가 갓 시작되어 여행이 제한될 거라는 소문이 돌기 시작했을 때였다. 이미 사모축제 장소가 결정되고 준비가 한창이었다. 천재지변과 유행병을 어느 누가 예상할 수 있을까? 사모축제가 진행될 수 있을지 의심하며 뉴스에 집중했다. 비행기를 탈 수 있느냐 없느냐에 대한 모든 뉴스에 촉각을 곤두세우고 있는데 오시기로 한 사모님들로부터 취소 연락이 오기 시작했다. 올해 참석이 어려울 것 같다는 전화나 메시지가 올 때마다 내 마음은 점점 움츠러들었다. 사모축제는 한 사람이라도 오면 계속한다는 비전으로 시작한 것이기에 한 분이라도 오겠다면 축제를 해야 한다.

그런데 해외에서 오시는 분들 중 두 분이 참석을 취소하지 않았다. 내 안에도 주님의 인도하심과 평안이 필요했다. 그때는 아직 코로나의 심각성이 알려지거나 여행 제한이 본격적으로 시작되지 않은 시점이라 상황이 확실하지 않았고 더 불안했다. 그때 하나님이 시편 91편 말씀으로 나를 붙잡았다.

"지존자의 은밀한 곳에 거주하며 전능자의 그늘 아래에 사는 자여, 나는 여호와를 향하여 말하기를 그는 나의 피난처요 나의 요새요 내가 의뢰하는 하나님이라 하리니 이는 그가 너를 새 사냥꾼의 올무에서와 심한 전염병에서 건지실 것임이로다 그가 너를 그의 깃으로 덮으시리니 네가 그의 날개 아래에 피하리로다 그의 진실함은 방패와 손 방패가 되시나니 너는 밤에 찾아오는 공포와 낮에 날아드는 화살과 어두울 때 퍼지는 전염병과 밝을 때 닥쳐오는 재앙을 두려워하지 아니하리로다 천 명이 네 왼쪽에서, 만 명이 네 오른쪽에서 엎드러지나 이 재앙이 네게 가까이하지 못하리로다"(시 91:1-7).

주님께서 시작한 일이니 주님께서 마치기를 바라며 마지막 점검을 위해 연락을 했다. 두 분 사모님은 마음이 편안하다고 하시며 어떤 상황에서도 오겠다고 하셨다. 나는 '그럼 저는 제 일을 하겠습니다'라며 마음을 주께 올려드렸다.

그런데 '엎친 데 덮친다'는 말이 이런 상황을 두고 하는 말일까? 사모축제 장소로 예약한 곳에서 '항공기를 이용해 오는 사람이 있을 경우 숙소를 사용할 수 없다고 연락이 왔다. 이제 이틀 후면 시작인데, 어찌해야 좋을지 몰라 속이 타들어갔다. 급히 다른 숙소를 알아보았지만, 적합한 숙소를 찾기가 어려웠고 비용도 만만치 않았나. 밴쿠버에서 참여하는 사모님들과 봉사자를 포함해 2명씩 자면 적어도 방이 5~6개는 필요하고, 모임을 위한 장소도 따로 있어야 했다. 우선 급한 대로 개인 별장을 소유하고 계신 권사님께 도움을 요청했고, 그곳을 사용해도 좋다는 답을 받았다. 하지만 가능하다면 공적인 장소를 사용하여 코로나로 인한 소독 등의 부담을 권사님께 드리지 않기를 바랐다. 그래서 계속 기도하는 마음으로 새벽까지 숙소를 검색했다. 그러다 비용과 환경적인 면에서 사용할 수 있을 만한 숙소를 발견했다. 그렇게 아슬아슬하게 숙소를 찾아 사모축제를 무사히 치른 당시를 기억하면, 지금도 하나님의 신실하신 사랑과 은혜에 감격한다. 물을 떠온 하인만 아는 비밀은 섬기는 자에게 허락하신 신비다. 오래도록 잊히지 않는 기억이 될 것이다.

지금까지 기석같이 하나님의 은혜를 경험해 왔나. 내년 사모축제를 준비할 때마다 하나님이 어떻게 인도하실지 궁금하면서도, 매번 그 과정에서 인간적인 걱정이 앞서기도 한다. 매번 축제를 준비할 때마다 하나님이 다 알아서 하실 거라고 스스로와 사람들에게 말하지만, 실제로는 부담이 내 어깨를 누른다. '축제를 위한 재정이 준비될까? 봉사자들이 준비될까?' 축제를 열 수 있는 장소도 매년 새롭게 준비되어야 한다.

매년 장소 때문에 진을 빼다 보면 이런 생각이 잠깐 스칠 때가 있다. 하나님은 사모들이 언제든지 원할 때 쉬러 올 수 있는 공간을 주실 만큼 여유가 있으실까? 그 답을 알면서도 지칠 때면 내 안에 불신이 올라오기도 한다. 하지만 "네 입을 크게 열라 내가 채우리라" 하신 하나님은 그 약속을 지키실 것이 분명하다. 죽는 것이 당연한 가치 없는 인생을 구원하신 하나님이 그 살린 인생을 죽게 하시지 않을 것이 분명하다. 사모들에게 쉼이 필요하다면 장소를 주실 것이다.

하나님의 일은 하나님이 하신다. 마음 주신 자리에 서 있었을 뿐인데, 신실하신 하나님은 순종하는 한 사람의 마음을 받아주셨고, 그렇게 해서 '비빌언덕 사모축제'가 시작되었다. 사실 지금도 어떻게 시작됐는지 이해가 되지 않는다. 주님이 하셨기에 가능했다고 말하는 것밖에 달리 표현할 방법이 없다.

그래서 계속해서 갈망한다. 숨겨진 사모들의 은신처를 간절히 갈망한다. 이제는 해마다 사모축제 장소를 찾으러 다니지 않고, 언제든 쉼을 원하는 사모들이 와서 쉴 수 있는 숙소가 준비되면 좋겠다. 마음 깊이 꿈꾸지만 엄두를 내지 못하는, 사모들의 영혼과 육체가 힘을 얻을 수 있는 사모들만의 쉼터가 아름다운 밴쿠버에 마련된다면 얼마나 좋을까. 시편 91편 전능자의 그늘이 되어줄 수 있는 공간을 밴쿠버에서 꿈꾼다.

'Doing'이 아닌 'Being'

비빌언덕 사역을 아는 사람들은 알겠지만, 이 단체는 큰 자금이나 시스템에서 나온 사역이 아니라 한 사람의 작은 꿈으로 시작되었기 때문에 작고 독립적인 단체로 운영 중이다. 여러 단체에서 함께하자는 제안도 있었지만, 작은 독립 단체로서 작은 자, 숨어 있는 자, 정말 도움이 필요한 자들을 섬기려 했기에 지금껏 섬기는 자리에 있을 수 있었다고 생각한다. 그래서 매년 3월이 되면 온 가족이 마음을 모았다. 남편은 사모님들의 라이드와 재정을, 딸은 전체적인 운영을 도와주었다. 그렇게 남편은 조용히 아무 말 없이 나를 리더로 세워주었다.

2022년 봄에는 남편이 세상을 떠난 후 장례 절차를 마치느라 매년 하던 사모축제를 3월에 하지 못했다. 가족이 떠난 후의 상실감과 내 위치의 혼란 그리고 변화는 시간만이 해결해 줄 수 있다는 것을 알았지만 사역은 계속되어야 했다. 그렇다면 코로나 시기 한 해를 제외하고는 계속되었던 사모축제를 올해는 어떻게 해야 하나 다시 고민을 시작할 수밖에 없었다.

남편이 떠나고 나니 아무것도 하고 싶지 않았다. '마음도 몸도 준비되지 않았는데 지금 뭘 하고 있는 걸까.' 남편을 떠나보낸 슬픔은 파도와 같아서 우리 가족은 그저 휩쓸릴 뿐이었다. 그때 한 해 동안 헌금을 보내주던 남편의 신학교 동기들이 남편은 떠났지만 하나님의 일은 나를 통해 계속되어야 한다는 말과 함께, 다시 한번 일 년 동안 마음을 모아주었다. 이 시기를 어떻게 보내야 하는지 감이 잡히지 않았는데 하나님이 나를 밀어주심이 느껴졌다.

정신을 차려 보니 제7회 사모축제를 가을에 했고, 6개월이 채 되지 않아 다시 2024년 3월에 제8회 사모축제를 은혜 가운데 끝마친 상태였다. 내가 하는 일이 아니라 하나님이 하시는 일임을 다시금 경험했다. 지나고 나니 하나님의 일을 하게 하심으로 이 시기에 우리를 위로하셨나 하는 생각도 들었다.

남편이 세상을 떠나고 사모축제를 치르며 내가 처음에 하나님께 받았던 사모축제의 의미가 더 명확해졌다. 남편 이태하 목사는 사역자로서의 정체성 이전에 예수 안에서 하나님의 자녀 된 영광을 믿음으로 누렸고, 육신의 약함과 현실의 어려움 속에서 순수함을 지켰다. 순수함을 지키는 것이 얼마나 어려운 일인가. 이것이 얼마나 귀한지 삶의 끝에서 가족에게 그 존재로서 간증해 주었다. 우리는 종종 하나님께서 맡기신 일에 열심히 몰두하느라, 정작 하나님 앞에 나아가 자녀로서의 정체성을 돌아보는 것을 잊곤 한다.

부르신 사명의 자리도 너무나 중요하지만, 하나님을 믿는 자녀로서의 본분은 하나님이 지으신 모습 그대로 하나님과 인격적인 관계를 맺는 것이다. 때로 우리는 우리의 의와 열심으로 산다. 비빌언덕 사모축제는 그 관계를 더욱 깊이 돌아보는 기회를 주려고 한다. 하나님은 우리를 각자의 이름으로 부르시며, 우리의 모습 그대로 친밀한 관계를 원하신다.

그런데 우리는 얼마나 자주 내가 누구인지에 대해 고민하는가? 정체성에 대해 진지하게 고민해 본 적이 언제였던가? 일상의 바쁜 삶 속에서 우리는 내가 누구인지에 대한 질문을 잊고 산다. '네 이웃을 네 몸과 같이 사랑하라' 하셨는데, 우리는 내 몸을 사랑한다는 것이 무슨 뜻인지 깊이 생각하고 나를 위해 돌아가신 예수님이 핏값으로 사신 내가 얼마나 귀한지 돌아볼 만큼 여유가 있는가?

정체성은 단순히 내가 어떤 일을 하고 있는지에 관한 것이 아니다. 그것은 내가 무엇을 믿고, 어떤 가치를 소중히 여기며, 궁극적으로 어떤 사람이 되고 싶은지에 대한 깊은 성찰을 요구한다. 내가 좋아하는 것, 나를 슬프게 하는 것, 그리고 내가 화날 때는 언제인지 돌아보는 것은 내가 나를 이해하는 데 큰 도움이 된다.

내가 사랑하는 것들은 나의 기쁨과 열정을 불러일으키며, 그 안에서 나의 진정한 모습이 드러난다. 반면 나를 슬프게 하는 것들은 나의 상처와 과거의 기억들을 상기시킨다. 슬픔은 때때로 나를 움츠러들게 하지만, 그것 또한 나의 성장 과정의 일부다. 그 슬픔 속에서 나는 회복과 치유를 경험하며, 하나님께서 나를 어떻게 만지시고 변화시키는지를 깨닫게 된다. 나를 화나게 하는 이유를 이해하게 될 때 그것은 나를 행동하게 만들기도 하고, 나 자신과 세상에 대해 더 깊이 생각하게 만들기도 한다.

나의 감정과 경험과 성품을 이해할수록 나를 만드신 하나님의 형상과 연결된다. 하나님은 나의 기쁨과 슬픔, 분노를 아시는 분이시며, 그 모든 감정을 통해 나를 더욱 깊이 이해하고, 나의 정체성을 찾아가는 여정에 함께하신다. 그 여정에서 나를 지금 있는 사명의 자리까지(사모들에게는 사모의 길과 사역자의 길로) 이끌어 주신 역사와 계획이 드러난다. 나의 경험과 성품을 하나도 버리지 않으시고 섬세하게 이끌어 오신 그 만지심이 더 드러난다.

예수님께서도 "수고하고 무거운 짐 진 자들아 다 내게로 오라 내가 너희를 쉬게 하리라"(마 11:28)라고 말씀하신다. 예수님은 자신에게 와서 쉼을 얻으라는 말씀을 누릴 줄 아는 것을 믿음이라고 하신다. 내가 누구인지 생각하면서, 잠깐 멈추고 쉬면서 여성으로서, 사모로서, 사역자로서의 회복이 일어나기를 바란다.

사모라는 역할은 아름답고 귀하지만, 그 무게가 본래의 나를 잊게 할 때가 있다. 매일 교회를 섬기고 가족을 돌보는 분주한 일상 속에서 나는 과연 누구인지, 하나님께서 나를 어떻게 지으셨는지를 잊기 쉽다. 책임만 있는 자리처럼 느껴져 힘들고 마음이 어렵기도 하다. 아무리 순수한 마음으로 사역을 하더라도, 늘 누군가의 삶을 돌보고 채워줘야 하는 사모의 자리는 '나'라는 존재의 정체성을 상실하기 쉽다.

그래서 하나님이 너무나 사랑하시는 귀한 사역자들을 축제의 자리에 주인공으로 초청하고 싶었다. 잠시 멈춤으로 하나님이 얼마나 그들을 아름답게 만드셨는지 기억하는 기회를 만들어 주고 나에게 집중하는 시간, 나를 만드신 하나님 아버지를 묵상하는 시간을 주고 싶었다.

사모축제에서는 그곳에 도착함과 동시에 세상이 나에게 준 타이틀은 내려놓고 내가 누구인지 생각하는 시간을 갖도록 초청한다. 일상으로부터의 분리로 쉼을 갖게 한다. 그러다 보면 정서가 회복되고 다시 한번 사명의 자리로 부르실 때 순종할 수 있게 된다. 사모의 자리, 사역자의 자리가 쉬운 자리가 아니기에 하나님이 기뻐하시는 영광의 자리임을 고백할 수 있게 하는 것이다.

여기서는 4박 5일간 부모님이 지어준 이름도 누구누구의 아내와 엄마, 또는 사모라는 호칭도 불리지 않는다. 불리고 싶은 별칭을 짓고, 기간 내내 잠옷이 단체복이다. 또 내가 준비하지 않은 풍성한 식탁에서 맛있게 먹으면 된다. 그러면서 동화책도 읽고 찰흙도 만지고 그림도 그리며 나를 찾아간다.

그래서 비빌언덕 사모축제는 무엇을 하기 위해 모이는 곳이 아니다. 그저 자녀로서 존재하는 것을 연습하는 곳이다. 'Doing'이 아니라 'Being'이 있는 곳이다. 예수님이 피 값으로 사신 귀한 나를 사랑하는 시간을 갖는다. 프로그램을 통해 내가 누구인지 생각해 보고, 퍼실리테이터(인도자)가 주도하는 대화를 통해 그룹 안에서의 나를 보며, 나와 같은 아픔을 가진 사모들을 통해 위로받는다.

일상의 자리에서 떠나는 것은 결코 쉬운 일이 아니다. 익숙한 자리에서 벗어나 새로운 결단을 내리는 것은 많은 용기와 믿음을 요구한다. 떠나는 것 자체가 큰 결단이며, 그 과정에서 많은 일이 일어날 수 있다. 비빌언덕 사모축제는 그 과정을 돕는 사역이다. 사모님들이 결단할 수 있도록 격려하고, 새로운 문을 열고 나갈 수 있도록 돕는 역할을 하기를 원한다.

사모님들이 일상에서 잠시 벗어나 자신을 돌아볼 수 있는 시간이 있었으면 좋겠다. 며칠만이라도 섬김을 받으며 사명을 향한 에너지를 충전하고, 하나님의 자신을 향한 프로포즈를 다시 확인하는 시간이 되기를 바란다. 그동안 바쁜 삶 속에서 잊고 지낸 자신의 정체성을 되찾고, 쉼 속에서 속삭이는 하나님의 프로포즈를 다시 한번 듣는 시간이 되기를 원한다. 종교적인 틀에 갇힌 자신을 내려놓고, 하나님과의 인격적인 관계 속에서 진정한 자신을 찾아가는 여정을 시작했으면 좋겠다. 하나님이 허락하시는 그날까지 비빌언덕 사모축제가 그 계기와 문이 되기를 바란다.

세상의 논리가 아닌 하나님의 논리로

사모라는 타이틀이 주는 무게를 어떻게 설명할 수 있을까? 그저 희생이 강요되었던 우리 세대와는 달라졌다고 하지만, 그럼에도 아직까지 사모뿐 아니라 여성이라는 자리는 쉽지 않다.

자신이 직접 겪어보지 않으면 남의 아픔을 이해할 수 없다고 한다. 그러니 사람들이 특수한 이 자리를 이해하기를 바라는 것은 말이 되지 않는다. 자신이 선택해서 사모가 된 자들이 몇이나 될까? 사랑해서 결혼한 사람이 목사였을 뿐인데…. 어떻게 하면 좋은 사모가 되는지에 대한 훈련은 없고, 작은 교회라면 사모도 한두 명뿐이다. 목사와는 다르게 학위를 받은 것도 아니고, 선출된 직분도 아니기 때문에 준비되지 않은 채로 사모라는 자리에 던져진 것이다. 이 직분으로 인해 교회 안의 권력이 주어지는 것도 아니다. 오히려 다양한 책임과 기대가 생긴다. 시대적으로 잘못 해석되었던 여성의 자리, 드러나서도 안 되고 드러나지 않아도 안 되었던 사모의 자리. '사모라면 이래야 해', 아니면 '사모인데 왜 그럴까?' 하는 식의 말. 분명 사모들도 결혼하기 전까지는 평범한 성도였는데, 세상과는 다른 길, 좁은 길을 선택함으로 오는 재정적인 어려움과 이해받지 못함은 세상의 논리로는 설명할 수도, 공감을 얻기도 쉽지 않다. 그리고 이 일을 해야 함이 설득되거나 설명되지 않는다.

나도 사모로, 선교사로 살면서 많은 결핍이 있었다. 공동체도 없고, 의지할 사람도 없고, 부모에게 어려움을 말할 수도 없었다. 한마디로 비빌 언덕이 없었다. 예수님이 궁극적인 우리의 비빌 언덕이라고 하지만, 현실로 다가오는 삶이 어찌 어렵지 않을까. 기쁨으로 사역하다가도 사람과 일에 지칠 때면 어디론가 떠나 실컷 잠이라도 자고 싶었다. 사람 만나는 것도 싫고, 누가 사모라고 기도라도 시킬까 봐 무섭기까지 했다.

사모라는 특수한 자리에 있는 사역자들이 사역자로서, 여성으로서, 자녀로서 회복되기를 원하는 마음이 나에게 있었다. 나의 결핍이 그들의 결핍을 보게 하였고 집도, 생활비도, 노후를 위한 준비도 아무것도 없지만 꿈을 품게 하셨다. 나의 결핍 속에서 나의 자녀 됨을 보게 하셨고, 내가 잘나거나 무엇을 가져서가 아니라 하나님이 나를 이렇게 만드시고 이 자리에 두셨기에 여성들을 섬기게 하심을 보았다. 내가 누구인지 돌아보았더니 하나님이 나를 이 자리에 세우신 것이 때로는 버겁지만 이해가 되었다.

사모라는 집단은 참 특수하다. 부와 명예를 좇지 않고 사역이라는 좁은 길을 걸으며 살다 보니 그 상처와 경험이 다양하다. 심지어는 그냥 누군가를 만나 경험을 나눴을 뿐인데 뭔가를 바라는 것으로 오해해 관계가 멀어지기도 하고, 은혜를 나누면 자랑한다고 오해하기도 한다. 그냥 단순히 자신의 삶을 나누기보다는 숨겨야 하는 일이 많다. 그래서 사모 사역은 특수하고, 비슷한 사람들이 아니라 너무나 다양한 사람들과 그 경험과 배경들을 모아놓은 집단이며, 그저 연민으로만 도울 수 있는 그룹이 아니라는 것을 경험을 통해 알게 되었다. 이들에게는 누가 물을 떠다 줄 것인가. 이 사람들에게는 누가 아버지와의 첫사랑과 그분의 프로포즈를 상기시켜 줄 수 있을까. 원주민에게는 원주민을 사랑하는 사역자들이, 아프리카의 굶고 있는 자들에게는 그들을 사랑하는 사역자들이 간다면, 숨겨진 자들인 사모들에게는 누가 가야 할까? 누가 이들을 위로할까?

"왜 그렇게 어려운 사역을 하려고 해?"

처음 이 꿈을 나눴을 때 딸들이 나에게 물었다. 지금은 함께 사역하는 든든한 동역자가 되었으나, 평생을 목사와 선교사의 딸로 산 나의 딸들에게도 이 길은 참 어려워 보였나 보다. 그렇지만 그 씨앗이 나에게 심겼으니 지금 내가 할 수 있는 것을 해야겠다고 생각했다. 그래서 깨진 항아리에 계속 물을 부었다. 매년 물을 붓다 보니, 보이지 않는 곳에서 헌신하는 자들을 섬기고 위로하기 위해, 하나님이 이 사역을 보이지 않는 자리에 숨겨 놓으셨음을 점차 깨닫게 되었다(예수님도 깨진 항아리라는 것을 보게 하셨다).

하나님의 일은 세상의 논리로 되는 것이 아니다. 사모와 여성들을 긍휼히 여기는 분들의 크고 작은 마음들이 모였다. 큰 교회나 목사님들은 한두 번 돕다가 그만두기도 했지만 꾸준히 3만 원, 5만 원 작은 자들의 마음이 모였다. 이상하게 매년 필요한 재정이 딱 알맞게 모아졌다. 이 사역의 특성상 사모님들의 정서적인 부분을 다루기 때문에 세세한 내용을 공개하거나 광고하는 것이 쉽지 않다. 선물같이, 서프라이즈같이 드리고 싶어 스케줄도 미리 공지하지 않는다. 요즘에는 "사모님들은 고생을 안 해요"라는 말도 자주 듣는다. 사모들이 섬김받거나 위로받아야 한다는 것에 동의하지 않는 분들도 많다. 어떻게 사역을 소개하고 모금을 하나 막막할 때도 있다. 성격상 그런 일에 은사가 없다. 그래서 재정이 부족할 때는 "하나님이 시키시는 데까지만 일할게요"라고 기도했다. 그런데 필요할 때마다 정확히 필요한 만큼의 재정이 채워졌다. 그 돈을 다 쓰고 나면 다시 하나님의 인도하심을 기다렸다.

하나님의 일은 신비하다. 세상의 효율성과 투자 대비 수익과 같은 논리로는 설명되지 않는다. 매년 풍성함으로 열두 명을 위한 4박 5일의 축제를 준비한다. 결단을 돕기 위한 소정의 참가비만 내면 숙식은 무료로 제공한다. 재정이 채워지면 또 1년 동안 결단을 돕고 기도하면서 지쳐 숨어 있는 자들을 모았다. 그리고 위로하고 떠나보냈다.

비빌언덕 사모의집 사모축제는 소규모지만 하나님 눈에는 결코 작은 사역이 아니라고 믿는다. 많은 마음과 기도가 모여 이 적은 인원에 깊게 투자한다. 한 여성이 회복되고 세워질 때 그 가정과 교회가 새롭게 될 것이다. 세상에 드러나는 사역은 아니지만 여성을 사랑하고 사모를 긍휼히 여기는 분들과 교회들의 동역으로 여기까지 왔고, 앞으로도 계속 그렇게 세워져 갈 것이다.

"결혼 이후 쉬어 본 적도, 나만의 시간을 가져 본 적도 없었던 저에게 혼자만의 여행은 설레지도, 기대감도 없는 무뎌진 감정 속에 또 하나의 부담과 해야 할 숙제로 다가왔습니다. 그러나 아버지의 프로포즈에 응한 사모님들이 모여 삶을 나누고 여러 프로그램들을 통해 조금씩 부어주시는 주님의 은혜를 통해서 삶 속에서 빠져 나오지 못하고 허우적대는 저의 감정과 부담감으로부터 조금씩 나오기 시작했습니다. 그러자 그곳에 저를 위해 예비하신 큰 은혜를 느낄 수 있었고, 숨겨진 다른 보물들이 빛나고 있는 모습들을 볼 수 있었습니다.

하나님이 나를 진정 사랑하신다는 것을 느꼈고, 귀한 하나님 영광의 한 역사의 흐름 속에 귀하신 사모님들과 함께하고 있다는 것이 정말 기쁘고 감사했습니다. 그곳에서 받은 모든 섬김의 순간에서 정말 주님의 자녀들이 아니면 할 수 없는 섬김의 사랑을 느꼈습니다. 너무나 감사해서 몸 둘 바를 몰랐던 시간이었습니다.

지금 저는 다시 삶의 자리로 돌아왔지만 전과 같이 지치고 때론 아프고 힘들 때 누구에게도 말 못하고 혼자서 기도하며 눈물 흘리지 않습니다. 여러 곳에 흩어져서 각자의 사명을 열심히 감당하고 있을 사모님들을 생각하면 기쁘고 든든하고 벅찬 감정으로 하루하루 선물 같은 삶을 사는 것 같습니다."

— 참여자의 간증 중

잊지 못할 한마디,
'사모님이 비빌 언덕이 필요하겠네요'

"사모님이 비빌 언덕이 더 필요하시겠네요."

간증을 마치고 내 자리로 돌아가는데 사회를 보신 목사님이 내 뒤에서 모두가 듣는 걸 아는지 모르는지 마이크에 대고 공개적으로 하신 말씀이다. 그 자리에는 한국에서 오신 30여 명의 사모님들과 목사님들, 밴쿠버에 있는 몇 분의 사모님이 참석했다. 그 말을 듣고 내 자리까지 돌아가는 30미터도 안 되는 거리가 얼마나 멀게 느껴졌는지 모른다. '이게 뭐지? 칭찬인가, 욕인가?' 하는 묘한 기분이 들었다. 내 삶을 괜히 나눈 것은 아닌지 후회가 밀려왔다. 위로로 하신 말씀이셨겠지만 나에게는 '비빌언덕이 필요한 사람이 누구에게 비빌 언덕이 되어 주겠느냐'고 말씀하시는 것처럼 들렸다. '너 누울 곳도 없는데 남 누울 것 걱정하느냐'는 뜻으로 느껴졌.

미국 캘리포니아 모 대학 총장이 인도하는 사모 세미나가 밴쿠버에서 있었다. 밴쿠버 비빌언덕 사모의집 대표로 사모님들을 위한 간증을 부탁받고 나눈 후 나는 처참한 심정이 되었다.

사모 세미나를 마치고 집으로 돌아온 후 마음에 평안이 없으니 이런저런 생각이 많이 들었다. 이왕이면 이렇게 말해주면 어땠을까? "그렇게 힘든 가운데 사모님들을 섬기는 사역을 하시게 되었군요. 어떻게 그런 선택을 하실 수 있으셨어요? 아마도 그렇게 힘든 시간을 보낼 때 하나님이 사모님들에 대한 마음을 부어 주셨나 보네요." 이렇게 좋은 말도 많은데…

그 목사님의 한마디는 내 뇌를 도려내는 느낌이었다. 망치로 머리를 한 대 얻어맞은 느낌이었다. 연단을 내려오면서 나의 당황스러운 마음이 들키지 않기를 바랐다. 얼굴에 감정이 다 드러나는 사람이다 보니 얼굴이 벌겋게 달아올랐지만 나의 이 심정을 아무도 알아채지 못하기를 빌며 자리에 앉았다. 어찌 어찌해서 자리에 돌아와 앉았지만 사회자 목사님이 너무나 무례하게 느껴졌다. 언어 폭력을 당한 기분이었다.

그때 내 뒤통수에 대고 말한 그 사회자에게 한마디도 못하고 돌아선 것이 잘했다 싶으면서도 못내 마음에 남았다. 나의 상황을 긍휼히 여기는 마음으로 한 말이라며 좋은 뜻과 방향으로 해석하려고 애를 썼다. '어려운 고비를 극복하고 감사함으로 지금 이 사역을 하고 있다는 말을 잘못 하셨나?'

간증을 할 당시 상황과 상관없이 하나님이 주신 마음을 따라 사역을 시작했다. 남편이 오랫동안 아팠고 영주권도 없는 상황에서 종교 비자로 자녀들이 학업을 지속하느냐 마느냐 하는 시기를 지나가고 있었다. 인간적으로 나 하나 살기도 바쁜데 왜 나는 다른 사람을 돌아보고자 하는 마음이 들었던 것일까? 나는 정말 단순하게 내게 필요했던 쉼을 사모님들에게 주고 싶었다. 응원하고 있다고 말해 주고 싶었고, 하나님이 비빌 언덕이 되신다는 것을 알려주고 싶었다. 현실적으로 살아가는 사람들의 눈에는 이해되지 않는 선택이었으니 그렇게 생각할 수도 있었을 것이다. 그러나 '그래도 그렇지!'라는 생각이 떠나지 않았다.

한동안 속앓이를 했다. 탈진 현상까지 나타나 회복하느라 힘들었다. 그동안 힘든 시간을 잘도 견뎌온 나에게도 쉼이 절실했었나 보다. 그때 하나님이 특별한 쉼을 주지 않았다면 지금까지 이 사역을 계속할 수 없었을지도 모른다.

누군가에게 나의 연약함을 말할 때에는 상처받을 용기가 필요하다. 하나님이 주시는 확신은 기본이고, 함께하는 많은 분들의 기도와 지지, 그리고 나 자신 또한 누가 뭐라 해도 담담하게 걸어나갈 용기가 필요하다. 사람이 아닌 하나님이 일하시는 것에 초점을 맞추어야 한다는 것을 다시금 배운다. 그럼에도 삶을 나누고 누군가를 섬길 때 때로는 가슴을 후벼 파는 일이 생길 수도 있고, 그에 따른 고통이 동반되기도 한다.

목사의 아내로 30년 넘게 살아온 나를 보며 이렇게 말하는 사람을 보았다. "세상적으로 보면 실패한 사람이라 말할지 모르겠지만, 하나님은 하나님만 바라고 살아온 세월을 형통한 삶이라 하실 거예요." 그렇다! 나로서는 자랑할 것이 아무것도 없다. 세상이 말하는 성공이 아닌 예수님을 닮아가기 위해 달려온 삶이다. 예수님 외에는 자랑할 것이 없으니 형통한 삶이다. 가진 것이 없으니 어깨는 새털처럼 가볍다. 지킬 것도 없으니 주님이 부르시면 가면 된다. 가난한 목회자 아내의 삶이요, 사모로서 사명자로 살아온 삶이라 감사하다.

나라는 존재의 삶에 대해 인정하고 나니 이제는 거칠 것이 없다. 가진 것이 없어도 나눠주는 삶이 사모의 삶이기에.

성공을 위해 사모로 사는 사람은 이 세상에 한 사람도 없다. 자기를 내어주고 또 내어주며 희생하신 예수님을 닮은 사람들이 사모다. 기다려 주고 믿어주며 응원해 준다면, 섬김의 자리에 서 있는 사모들은 더욱 주님을 닮은 섬김의 모습을 갖게 될 것이다. 희생적으로 섬기는 삶을 살아내는 사모님들의 마음을 알고 있는 나를 통해 사모님들을 위한 일이 방송으로, 성경공부로, 상담으로 이어지고 있다.

서서평(엘리제 쉐핑)의 "성공이 아니라 섬김이다"라는 말은 하늘나라를 바라며 사는 우리 사모들의 삶을 무엇보다 잘 설명해 주는 말이라고 생각한다. 천국을 소망하며 섬김의 삶을 사는 우리 사모들을 주께서 친히 위로하실 그날을 기대한다. 비빌 언덕이 절실한 나에게 영원한 비빌 언덕 되신 하나님이 비빌 언덕이 필요한 사모들의 마음을 알게 하셨다. 하나님이 우리의 영원한 비빌 언덕이 되어 주신다는 것을 전하기 위해 잠시 쉬어갈 수 있는 그런 비빌 언덕이 된다면 좋겠다.

"선교사님이 비빌 언덕이 필요하겠네요!" 이렇게 또 누군가가 말한다면 이제는 이렇게 말할 수 있다. "네, 필요해요. 그래서 제게 주신 마음을 모아 비빌언덕 사모의집을 시작하게 된 거죠. 주님의 마음을 전하는 통로가 된 거죠."

주님이 말씀하신다.

"나의 사랑, 나의 어여쁜 자야, 나와 함께 가자! 내게 와서 잠시 쉬어가렴. 내가 비빌 언덕이란다!"

사모님들을 위한 빛의 향연

캘리포니아 주지사 개빈 뉴섬의 아내인 제니퍼 뉴섬이 캘리포니아에 있는 사모님들을 초청해 위로하는 시간을 갖는 소식을 들었다. 사모 사역을 하는 사람이라 귀가 번쩍 뜨였다. 제니퍼 뉴섬은 기독교인이 아닌데 왜 그런 일을 하는 것인지 궁금하기도 했다. 우리 사모님들이 혹은 목사님들이 정치적으로 이용되는 것은 아닌지 염려되는 마음도 조금 들었다. 한편으로는 사모님들을 격려하고 위로하는 일은 캘리포니아주 입장에서도 정말 바람직한 일이라고 생각했다. 사모님들은 주 정부의 도움과 상관없이 그 지역사회를 위해 기도하고 선행에 앞장서는 분들이다. 이분들은 주 정부의 손이 미치지 않는 그늘진 곳까지 달려가 희생을 아끼지 않고 나눔에 앞장선다. 하나님 나라에 대한 소망을 가지고 대가 없이 섬기는 사람들이 사모님들이 아닐까 생각하다 보니 캘리포니아 주지사 아내가 주최하는 '사모님들을 위한 빛의 향연'은 정말 잘한 일이다 싶었다.

나라와 민족을 위해 애쓰고 봉사한 사람에게 상을 주는 것처럼 열방을 위해 헌신한 사모님들에게 상을 주고, 또 하늘의 상을 기대하는 사모들이 주님 부르신 땅에서 힘쓰고 애써 기도하며(대하 7:14) 헌신과 희생을 아끼지 않으니 세상이 얼마나 아름다운가! '사모님들을 위한 빛의 향연'이 선한 일에 대한 격려의 시간이 되었으면 하는 마음이 들었다.

그날의 일정이 어떻게 진행되는지 궁금해졌다. 캘리포니아에 사는 사모님들만 참석이 가능하다니 다른 나라에 사는 나는 당연히 참석 불가다. 누구로부터든 이유 있는 추천을 받은 사람들 중 본이 되는 몇 명의 사모님들에게 상을 준다고 한다.

직접적인 참여는 못 하지만 간접적으로라도 참여하고 싶은 마음에 사모축제에 참여하셨던 사모님과 캘리포니아에 방문했을 때 만난 사모님에 대한 추천서를 썼다. 한 분은 지금도 LA 지역에서 시각장애인 사역을 하는 분으로, 오랜 연애 끝에 결혼을 하였지만 군에서 입은 부상으로 실명한 남편 목사님 옆에서 눈과 손발이 되어 주신 사모님이다. 그리고 다른 한 분은 '사모들의 수다'라는 방송을 진행하는 사모님이시다. 여성들의 삶과 사역을 나누는 이 방송은 여성들이 부르심 받은 곳에서 여성 리더라는 것을 깨닫게 해주는 방송이라고 생각했다.

이렇게 추천한 두 분의 사모님이 상을 받게 되었다는 반가운 소식을 들었다. 정말 얼마나 기쁘고 자랑스럽고 감사하던지! 나는 반가운 마음에 주최 측에 연락을 했다. 내가 비록 캘리포니아에 살지도 않고, 더군다나 미국 시민도 아니지만 상 받을 사람을 축하하러 가고 싶으니 혹시 초대해 줄 수 있는지 물었다. 그 대답은 '예스'였다.

이 소식을 들은 한 권사님이 항공료를 챙겨 주셨고, 나는 행사 참석을 위해 캘리포니아로 날아갔다.

'사모님들을 위한 빛의 향연'에는 150여 명의 사모들이 초대되었다. 먼저 주최 측의 인사와 격려, 감사가 있었다. 이후 비빌언덕 사모의집이 추천한 사모님 두 분과 개인적으로 알지는 못하나 역시 귀한 세 분의 사모님이 상을 받았다. 이 중 한 분은 남편 목사님의 추천에 의해 상을 받았다. 오랫동안 마음에 남은 시상 시간이었다.

행사 순서 중 사모님들이 손을 뻗어 캘리포니아 주지사 아내인 제니퍼 개빈을 축복하고 예수님의 이름으로 기도하는 시간이 있었다. 이 시간이 하나님이 가장 집중해서 보신 시간이 아니었을까? 기도하는 여성들인 사모님들이 손을 뻗어 주지사 아내를 향해 주 예수 그리스도가 그의 구주가 되기를, 로스앤젤레스가 이름 그대로 하나님의 천사장들이 간섭하는 도시가 되기를 기도했다. 하나님을 모르는 개빈을 향한 우리의 기도를 하나님이 받으셨을 줄 믿는다.

상을 받은 사모님들은 얼굴에 홍조를 띠고 긴장한 모습이 역력했다. 이 땅에서 모두가 함께 축하하고 즐거워하는 상을 받는 것도 이러한데, 이와 비교할 수 없는 하나님 아버지가 주실 상급의 기쁨은 어떠할까? 나로 인하여 기쁨을 이기지 못하시며 즐거워 덩실덩실 춤을 추실 하나님 아버지를 상상하니 웃음이 절로 나온다. 하나님은 이 행사를 통해 한 영혼을 위해 수고를 아끼지 않고 애쓰고 수고한 사모님들이 헌신과 사랑을 기억하시는 하나님 앞에 섰을 때 영광과 의와 기쁨의 면류관이 준비되어 있다는 것을 보여주고 싶으셨을 것이다. 그렇게 LA 방문은 천국에서의 그날을 꿈꾸게 하는 시간이었다.

'이 세상에서 가장 밝게 빛나는 곳은 어디일까?' 캘리포니아의 사모들을 위한 행사에 참여하기 위해 저렴한 항공기를 이용하다 보니 늦은 밤 비행기를 탔다. 우주에서 바라봤을 때 문명이 발달한 곳일수록 환히 보인다던데 높이 올라가니 세상의 빛이란 빛이 한눈에 다 들어온다. 하지만 하나님이 세상을 바라봤을 때 가장 밝게 빛나는 곳은 화려하고 번화한 도시가 아니라 간절함으로 엎드린 여성들이 무릎 꿇은 골방 아닐까? 사모님들이 이날의 모임을 계기로 이 땅에서의 수고에 상을 주실 천국을 기대하는 삶을 살게 되기를 소원해 본다.

"너는 또 여호와의 손의 아름다운 관, 네 하나님의 손의 왕관이 될 것이라 다시는 너를 버림받은 자라 부르지 아니하며 다시는 네 땅을 황무지라 부르지 아니하고 오직 너를 헵시바라 하며 네 땅을 쁄라라 하리니 이는 여호와께서 너를 기뻐하실 것이며 네 땅이 결혼한 것처럼 될 것임이라 마치 청년이 처녀와 결혼함같이 네 아들들이 너를 취하겠고 신랑이 신부를 기뻐함같이 네 하나님이 너를 기뻐하시리라"(사 62:3-5).

쉼이 필요하다

아프리카 탐험대원들이 새로운 길을 개척할 때의 일이다. 탐험대원들과 일꾼들이 무거운 장비를 지고 높은 산을 올라가고 있었다. 여러 날을 행군하던 중, 일꾼들이 지고 가던 짐을 갑자기 내려놓고 길 옆에 주저앉아 쉬는 것이었다. 한참을 쉬었는데도 일꾼들이 움직이려는 기미가 보이지 않자 지켜보던 탐험대장이 화를 내면서 소리쳤다.

"아직도 가야 할 길이 먼데 왜 움직이지 않는가?"

그러자 일꾼 가운데 한 사람이 대답했다.

"대장님, 정신이 돌아올 때까지 잠깐 우리 몸을 쉬게 하는 중입니다."

이 이야기는 우리 삶에서 육신의 쉼을 위한 시간이 반드시 있어야 함을 보여주는 좋은 예화다.

우리 인생은 장거리 경주다. 달리다 힘들면 잠시 멈춰 서서 물을 마실 수 있어야 한다. 혹 '다른 사람은 달리고 있는데 나만 쉴 수는 없지'라고 생각할지도 모른다. 그러나 다리에 경련이 일고 가슴이 타들어가는 아픔이 느껴지는데 다른 사람이 달리고 있다고 무조건 같이 달리면 죽음에 이를 수도 있다. 그럴 때는 멈춰 서야 한다. 시원한 나무 그늘로 들어가 호흡을 가다듬고 목을 축이며 안정을 취해야 한다. 그런데도 가슴의 통증이 가시지 않는다면 도움을 요청해야 한다. 우리의 인생 경주는 장거리면서 연합해서 함께 가야 하는 길이기 때문이다.

어깨에 통증이 있고 손가락이 내 마음대로 움직여지지 않을 때가 있었다. 통증의 가장 좋은 치료법은 사용을 멈추고 쉬는 것이다. 그러나 해야 할 일이 산적해 있는데 쉬기를 결정하는 것은 쉬운 일이 아니다. 최선을 다한다는 명목 아래 아픈 어깨로 무리를 해보기도 한다. 그러나 사실 어깨와 손을 계속 사용하면서 좋아지기를 기대하거나 좋은 결과가 있기를 바라는 것은 헛된 욕심일 수 있다. 이때는 무조건 쉬는 것이 상책이며, 쉼을 통해 얻은 회복과 새 기운으로 다음 과제에 대한 힘을 기르는 것이 지혜이고 겸손이다.

핸드폰은 매일매일 충전하지 않으면 배터리가 나가 켜지지 않는다. 개척교회 사모님들은 24시간 동안 남편 목사님의 활동 영역에서 그림자처럼 서 있어야 한다. 큰 교회라면 부교역자와 성숙한 성도들이 했을 역할도 개척교회에서는 사모님의 몫이다. 교회 안의 보이지 않는 곳까지 집안 살림하듯이 살핀다. 비율적으로 많은 여 성도들의 마음을 다독이는 것 또한 사모님 차지다. 사모님의 사역은 24시간 대기조로 방학이 없기에 몸과 마음이 쉼을 원할 때 더 쉴 수 없다. 이렇게 일에 지쳐 탈진되어 아무것도 할 수 없는 무기력의 상태가 된 사모님들을 많이 보았다.

바쁘고 피곤한 나머지 전날 깜빡하고 충전하지 못한 핸드폰을 들고 나가야 하는 날에는 핸드폰이 꺼질까 봐 계속 불안한 마음이 든다. 끊임없이 쏟아지는 일 가운데서 바쁘게 움직이는 사모가 가까이에 있는가? 그가 바로 그런 상태다. 전력을 거의 다 써 충전이 필요한 전화기와 같은 상태가 된 것이다.

거룩한 쉼이 사모님들에게 필요하다. 계속해서 기쁘게 사모로서의 일을 감당하기 원한다면 잠시라도 내가 집착하고 있는 것으로부터 떠나야 한다. 사모의 쉼은 그가 속한 삶 속에서 하나님께서 일하실 수 있도록 자신을 준비하는 시간이 될 것이다. 자신을 필요로 하는 일이 여전히 있는데 하던 일을 중단하고 쉰다는 것은 사실 쉬운 일이 아니다. 그러나 하던 모든 일을 마친 것처럼 그렇게 쉴 필요가 있다. 그러면 그 쉼은 하나님께서 더욱 자유롭고 풍성하게 우리 안에서 역사하시도록 내어드리는 시간이 될 것이다. 이를 통해 우리의 몸뿐 아니라 마음도 쉼을 누리게 된다.

사모는 때론 가진 것이 없어도 주어야 하고, 쉼을 필요로 해도 쉬기 어렵다. 그러나 내 것이 아닌 주님의 것을 전하는 통로로 살기 원한다면 주님이 일하실 수 있도록 몸과 마음에 쉼을 주어야 한다. 아무것도 해줄 수 없고 아무런 도움도 되지 못하지만 사모님들에게 쉬라고 말하고 싶다. 그리고 쉼이 필요하다면 그것을 인정할 수 있는 용기가 필요하다.

영양제 보내기

코로나19가 기승을 부리던 때였다. 월스트리트 저널의 발표에 의하면 일주일간 인구 100만 명당 일평균 코로나19로 인한 사망자 수 상위 국가 중 페루, 브라질, 콜롬비아, 아르헨티나, 칠레, 파라과이 등 7곳이 남미 국가였다. 남미 지역의 코로나19로 인한 사망자 수가 전체의 39%를 차지한다는 통계도 나왔다. 세계보건기구는 아프리카 14개국에서 델타 변이가 출현하면서 3차 대유행의 중심이 아프리카가 될 것이라고 발표했다. 새로운 변이들이 출현하는 가운데, 안데스 산악 지역의 '람다 변이'와 남아프리카에서 시작된 '오미크론 변이' 바이러스가 대부분 선교사들이 활동하는 지역에서 발생했다.

2021년 한 해 동안 코로나19로 인해 선교사님들이 선교지에서 철수한다는 소식이 많이 들려왔다. 이미 본국으로 귀국을 한 선교사님들도 있었지만 육신의 연약이 있던 선교사님들은 선교지에서 천국 입성을 하기도 했다. 정부 방침으로 외국인은 거의 강제적으로 떠나야 하는 어쩔 수 없는 경우를 제외하고 여전히 선교지를 지키는 선교사님들도 있었다.

선교지는 환경적으로 열악한 곳이 많고, 코로나19 백신 접종률이 선진국에 비해 터무니없이 낮은 곳도 많아서 걱정이 컸다. 선교사님들이 안전하게 사역을 이어가기를 바라는 마음으로 기도하며 지켜보고 있었다. 그리고 비빌언덕 사모의집에서는 사역의 최전방에서 남편을 도와 쉼 없이 달리는 사모님들을 어떻게 도울 수 있을지 거의 6개월 이상 기도하며 고민하고 있었다.

그때 선교사님들이 코로나19 양성 반응 후 발열과 기침, 피로감은 기본이고 설사와 복통을 동반한 신후염 증세에 호흡 곤란으로 고통을 호소하며 죽음의 문턱까지 다녀왔다고 말하는 것을 들었다. 그 가운데 유독 내게 크게 와 닿은 증상은 심한 설사였다. 평소 위장과 대장이 건강했더라면 설사 같은 증상은 겪지 않았을지도 모른다는 생각이 들었다. 당시 나도 코로나19 감염은 아니었지만 유사한 대장 증상으로 프로바이오틱스를 복용 중이었다. 몇몇 사모님들과 연락을 취하며 프로바이오틱스 섭취를 권했는데, 그게 무엇이냐고 되묻는 사모님들의 말을 들으면서, 도움을 줄 방법이 없는 선교지가 어찌나 멀게 느껴지던지 그저 안타까운 마음으로 기도를 했다.

"하나님 아버지, 무엇으로 선교지에 계신 사모님들을 도울 수 있을까요? 열악한 선교지의 사모님들이 코로나19와 싸우는 데 혹시 유산균이 면역력 향상에 도움이 된다면 보낼 길을 허락하소서!"

마음에 깊은 감동이 밀려왔고, 유산균이 면역력 향상을 도울 수 있겠다는 생각이 들었다. 그래서 유산균을 주시기를 기도하게 되었다. 기도하며 찾아보니 사실 우리 장내에는 유익균이 70~80%가 존재하며 이는 면역력과 밀접하게 관련이 있다는 연구 결과가 존재한다는 것을 알게 되었다. 또한 유산균이 과민성 대장 증세를 안정시키고 여성병에도 도움을 준다는 사실도 알게 되었다. 우리 몸에는 자가치료 능력이 있다. 건강한 사람은 자가치료 능력도 높고 면역력도 강하다. 선교지의 열악한 환경에서 병원에 자주 갈 수 없는 여성들에게 유산균을 보내 면역력 향상을 통해 자가치유 능력을 키우게 할 수 있다면 얼마나 기쁜 일이겠는가! 유산균이 코로나19는 물론 육신의 연약함과 싸울 힘을 줄 것을 생각하니, 해야 할 일에 대한 부담은 사라지고 사모님들이 유산균을 받고 기뻐하는 모습이 떠올라 마음이 행복해졌다.

나의 소망을 들은 어떤 장로님이 내게 이렇게 말했나. "그 일은 김혜한 선교사님만 할 수 있어요. 그래서 하나님이 하게 하시는 것 같아요." 솔직히 새로운 일, 해야 할 일, 신경 쓸 일이 얼마나 많은데 누가 그런 일을 하겠느냐는 말이다. 유산균을 기다리고 있을 사모님들을 생각하면 언제 보내게 될지 고민이 되어 스트레스를 받기 시작했다. 어디다 '사모님들께 유산균을 보내려 하니 후원해 주세요'라고 말할 곳도 없어서 속으로 부담이 커지고 밤에 잠도 잘 이루지 못했다. 속으로 생각했다. '나는 왜 사서 고생을 하는 걸까? 왜 사모님들에게 유산균을 보내겠다고 말했을까? 그냥 가만히 있었으면 마음 쓸 일도 없고 속 편히 지낼 수 있었을 텐데…'

능력이 없어 한탄하던 어느 날 말씀이 마음에 들어왔다. "그들이 묻되 우리가 어떻게 하여야 하나님의 일을 하오리이까 예수께서 대답하여 이르시되 하나님께서 보내신 이를 믿는 것이 하나님의 일이니라 하시니"(요 6:29). 그리고 이어 주신 말씀은 "여호와께서 이르시되 내가 친히 가리라 내가 너를 쉬게 하리라"(출 33:14). 이 말씀을 보면서 '이제 됐다. 이제 걱정하지 말고 하나님이 쉬라니 쉬자. 하나님이 직접 하시겠구나' 하는 확신이 들었다. 그 이후로 아무것도 준비된 것은 없었으나 '주님이 하실 테니 나는 기다리자' 하는 마음이 들었다. '유산균 주시면 보내고, 안 주시면 사모님들께 사정을 전하자.' 그리고 그때부터 이렇게 기도하기 시작했다. "주님, 그곳에 가주세요. 주님! 그 사람을 만나 주세요."

유산균을 신청하라는 말이 떨어지기가 무섭게 일주일도 안 되어 20여 개국에서 120여 명이 넘는 사모님들이 신청을 했다. 아시아, 아프리카, 남미에 있는 정말 다양한 나라에서 신청해 주셨다. 일이 진행되기 시작하니 겁이 덜컥 났다. '이렇게 보내드린다 해놓고 유산균이 준비가 안 되면 어쩌지?' 내 힘으로는 불가능한 일이었다. 나는 기도하시는 분들에게 이 일에 대한 마음을 알리고 기도를 요청했다. '사람이 일하면 사람이 일할 뿐이지만, 사람이 기도하면 하나님이 일하신다.' 멘토 목사님께서 늘 하시는 말씀을 떠올리며 기도의 힘을 믿기로 했다.

일을 추진한 지 한 달 만에 유산균이 준비되었다. 밴쿠버에서 영양제 사업을 하시는 연 집사님이 유산균을 선뜻 기증해 주셨다. 가난한 선교지의 여성을 긍휼히 여기시는 집사님의 마음이 느껴졌다. 감사함을 표현할 길이 없어 어쩔 줄 몰라 했더니 조용히 섬기기를 원하신다고 말씀하시며 손사래를 치셨다. 하나님이 그분에게 복 주시기를 기도한다. 그렇게 일이 시작되어 연 2~3회 전 세계 선교지로 영양제를 보내게 되었다. 하나하나 포장하고 발송하는 번거로운 일을 하면서도 감사와 찬송이 절로 나온다. 편리와 안전을 포기한 채

많은 선교사님들이 선교지를 지키고 있다. 주님이 사랑하는 사역자들의 섬김을 통해 열방이 주 보기를 바라며 주 오시기를 예비하는 복된 선교사님들 되시기를 축복한다. 우리는 하나님의 큰 계획을 다 보지는 못하지만 선교에 동참한 모든 사람들이 모두가 각자의 자리에서 주님의 보호와 상급을 받기를 기도한다.

"여호와께서 네가 행한 일에 보답하시기를 원하며 이스라엘의 하나님 여호와께서 그의 날개 아래에 보호를 받으러 온 네게 온전한 상 주시기를 원하노라"(룻 2:12).

어느 사모님의
소원

 2016년부터 매년 비빌언덕 사모축제를 진행하면서 100여 명의 사모님들이 다녀가셨다. 비빌언덕 사모축제에 참여한 사모님들의 얼굴이 한 분 한 분 기억난다. 무표정이던 얼굴이 환해지기도 하고, 말수가 없는 분이 수다쟁이가 되기도 한다. 자신의 이야기는 하나도 안 하리라 마음 먹고 왔지만 어느새 마음의 짐을 하나씩 꺼내 놓는다. 매년 모일 수 있는지 묻는 분도 있다. 감정노동과 육체노동, 정신노동까지 삼중고를 겪기에 늘 마음 한구석은 잠깐이라도 어디에 가서 쉬고 싶다는 마음이 있었던 사모님들이 쉼을 얻었음이 분명하다. 사모로서 판단받지 않고 잠시 쉬어갈 공간이 절실했던 것이다.
 사모축제에 다녀가신 사모님 중 지금은 천국에 입성하신 젊은 사모님이 한 분 계신다. 2회 때 오셨던 사모님으로 당시 LA에서 사역을 하셨다. 그 사모님의 소원은 일주일간 어디 가서 아무 생각 없이 맘 편히 쉬는 것이었다. 그 사모님의 소원을 들은 한 사모님이 사비를

털어 사모님을 모시고 밴쿠버 비빌언덕 사모축제에 참석하셨다.

까무잡잡한 얼굴에 까만 눈동자, 유난히 하얀 이를 드러내고 아이처럼 환하게 웃던 사모님의 얼굴은 평생 잊지 못할 것이다. 사모축제 내내, 그리고 인생 첫 여행인 밴쿠버에서 보름여 동안 시간을 보내는 내내 행복해하셨다. 사모님은 떠나면서 "선교사님, 정말 중요한 일을 하시는 거예요. 정말 고마워요. 잊지 못할 거예요"라고 말씀하셨다.

그렇게 행복해하시는 사모님을 보면서 내 마음은 뛸 듯이 기뻤고, 누군가를 위해 쉼과 위로의 자리를 만들어드린 것이 스스로 자랑스러웠다. 섬기는 자에게 주시는 선물은 섬김 받은 사람들이 기뻐하고 행복해하는 것이다. 그 사모님의 고백은 내 마음에 아직도 깊이 남아 있다.

그 사모님을 생각해서라도 사모들의 쉼을 위한 사역은 지속되어야 한다. 어디선가 잠깐이라도 쉬었으면 좋겠다고 말하는 사모님들의 작은 웅얼거림이 내 귀에 들리는 것만 같다. 내가 누군가의 소원 성취와 기도 응답의 통로로 사용되는 것만큼 기분 좋은 일이 있을까? 사역에 지쳐 "쉬고 싶어요"라고 말하는 한 사람에 대한 응답으로 한 번만 사용된다 할지라도 내가 할 일을 다 한 기분이 든다. 그 사모님의 어린아이같이 순수한 얼굴이 아직도 눈에 선하다.

사모축제에 참여한 사모들이 기도가 응답되어 기쁘다고 말할 때 그 응답의 도구가 된 기쁨은 말로 표현하기 어려울 정도다. 내 안에 엔돌핀이 돌아 춤을 추는 것 같은 행복감을 느낀다. 위로가 된다며 즐거워하는 모습은 섬기는 입장에서 그 어떤 칭찬보다 기쁘고, 다시 섬김의 자리로 가게 하는 원동력도 된다. 잔치를 배설한 사람의 기쁨이 되는 것이다. 그래서 아무리 힘들고 어려워도 이 자리를 지키게 하는 힘이 되고 능력이 된다. 한 마리의 양을 귀히 여긴 하나님 아버지의 마음을 가지고 부르신 그 자리에 서 있는 특권을 누리게 된다.

그렇게 행복해하던 사모님이 암으로 40대의 젊은 나이에 초등학교에 다니는 아들과 이제 왕성하게 사역을 하실 목사님을 남겨두고 하나님 품에 안겼다. 비빌언덕 사모축제에 다녀가신 후 2년여 만의 일이다. 잠시 있다 떠나는 인생인 우리지만 늘 같이할 것만 같았던 사모님을 떠나보내면서 잠깐의 기쁨을 누리는 통로로 나를 사용해 주신 하나님께 감사하다. 지금은 고인이 되어 만날 수 없는 사모님이 비빌언덕 사모축제에 참석하시기 전에 보내 주신 간증이 있어 나누고 싶다.

"주님의 보혈에 힘입어 구원을 얻게 한 축복을 망각하며 힘겹게 살아온 7년의 미국 생활! 감사도 여유도 사랑도 생각할 수 없도록 나의 영은 우울증을, 나의 육은 악성 유방암을 얻게 되었습니다. 두렵고 무서웠습니다. 캄캄하였습니다. 그 칠흑 같은 터널에서 천사와 같은 많은 사람들과 놀라운 상황들을 통해 살아 계신 주님의 사랑을 받고 있음을 깨닫게 하셨습니다. 주님의 사랑을…. 그 사랑의 힘은 나에게 암으로부터 자유함을 얻게 하고 내 입술로, 내 가슴으로 감사 제사를 올리는 삶으로 나를 변화시켜 주었습니다. 신실하시고 자비로우시며 선하시며 인자하신 나의 하나님 아버지! 지금도 암 세포와 싸우고 있지만 "두려워 말라 놀라지 말라…내 너를 도우리라"라고 말씀하셨습니다! 이 찬양의 응답으로 주님의 손길을 의지하며 크고 작은 주님의 사랑의 비밀을 터득하여 하루하루 주님이 불어넣어 주시는 생기로 살아가고 있습니다. 주님의 허락하심으로 오늘도 아침을 맞이했습니다. 오직! 오직! 하나님의 은혜임을 선포하며 고백합니다."

이 땅에서의 수고의 짐을 벗고 하늘 아버지 품에 안겨 영원한 쉼을 누리는 것은 복이지만, 너무 빨리 떠난 것을 생각하면 마음이 아프다. 사모님과 함께한 시간은 남겨진 사람들에게 잊지 못할 추억이 되었다. 쉼이 필요한 분들을 만날 때면 사모님이 생각났다. 쉼이 절실한 사람을 위해 '비빌언덕 사모의집'이라는 이름이 존재했으면 좋겠다. 비빌언덕의 존재 자체가 위로가 되고 '나도 언젠가 가서 쉴 서야'라고 사모님들이 떠올리는 쉼터가 되면 좋겠다. 쉼을 필요로 하는 사모님의 한숨은 하나님이 내게 하시는 말씀이 되기도 한다. 또 내가 그 자리에 있는 것이 옳다고 말해주는 누군가는 다음 걸음을 걸을 수 있도록 해주는 용기와 큰 위로가 된다.

사모 사역은 정말 필요하다. 이 귀한 사역에 나를 부르시고 사명을 주셔서 감사하다. 고아원이나 학교 사역, 아프리카나 아시아의 문맹퇴치와 같이 눈에 띄는 사역은 아니다. 그러나 이 모든 영역에서 사역하고 계신 분들 또한 사모님들이다. 너무나 광범위하게 흩어져 있으니 사역을 지속하기 위해서는 많은 분들의 지지와 응원의 기도가 필요하다. 어머니가 건강해야 가정이 건강하고 평안하듯, 교회도 사모님이 영적으로, 육적으로 새 힘을 얻는 것이 목회자 가정에 유익하고 교회에도 큰 힘이 된다. 선교에 대한 마음은 있지만 무엇으로 어떻게 어디를 도와야 할지 고민하는 분들이 모여 함께 협력하면 좋겠다.

어머니, 그 여성을 위한 기도

자녀에게 가장 좋은 것으로 주시기를 기뻐하는 아버지!
오늘을 사는 어머니들이 많이 피곤하고 지쳐 있음을 봅니다.
원수의 속임은 내가 우월하다고 생각하게,
때론 나의 존재가 버려진 것 같다고 생각하게도 합니다.
그러나 나의 자존감이 바닥을 치려 할 때도
한결같은 사랑으로
너는 특별하다고,
잠재력이 있으며 소중한 존재라고
또한 아름답다고 말씀하시며 안아주시니 감사합니다.

교회 안의 많은 여성들이
주께서 회복시키실 것을 믿고 기도하며
주어진 환경을 인정하고

행복한 가정을 꿈꾸며
하루하루를 인내하며 살고 있습니다.
그러나 변하지 않는 현실은
"이 수고와 기도는 언제까지 해야 하는 걸까?"라고
고백하며 지친다고 말하고 있습니다.
응답되지 않는 이 어머니의 간구는 어디서부터,
무엇이 잘못된 것인가요?

생수를 갈망하던 우물가 여인을 찾아가셨듯이
오늘도 아버지 앞에 무릎 꿇은 우리 어머니들을
만나주시옵소서.
부부간 혹은 자녀들과 서로의 다름으로 아픔이 외면당하고,
존중받지 못함으로 감정적인 벽이 생기고,
마음에 상함이 있는 어머니들을 찾아가 만나 주시옵소서.
무엇이 중요하고 우선인지 뒤엉킨 어머니들의
삶의 공간으로 찾아오셔서
진리의 영이신 성령님께서 각자의 형편과 상황 가운데,
위로가 필요한 자에게는 위로를,
격려가 필요한 자에게는 격려를
새로운 힘이 필요한 자에게는
새 힘을 허락하여 주시기를 간구합니다.

어머니들이 기도할 때
하나님이 계획하신 치유와 회복이 있게 하옵소서.

어두움은 떠나가고 주님의 빛만 넘치는
남은 인생이 되게 하옵소서.
겉치레의 화려함과
내 옷같이 느껴지지 않는 옷은 벗어 던지고
주님의 마음을 깊이 경험하게 하소서.
창조의 목적에 합당한 여성상이 회복되고
여성으로서의 사명이 회복되게 하소서.
그래서 여성이라면 건너야 하는 고난의 시간들이
유익이요 축복이었다고 고백하게 하옵소서.
부모로부터 혹은 사회로부터 흘러들어온
왜곡되고 거짓된 자아상으로
잘못 형성된 여성상 아내상 어머니상이
깨어지고 부서지게 하옵소서.
잘못된 여성상으로 어쩔 수 없이 받았던
상처들이 치유되고 재해석되게 하옵소서.

남편의 능력과 부와 지위로
그 가치가 결정되는 여성이 아니고,
자녀의 어떠함으로 평가되는 여성이 아니라
남편의 돕는 배필로
남편 안에 숨겨진 보물을 볼 수 있는,
영감이 넘치는 여성으로 세워지도록 성령을 부어주소서.
자녀를 예수 그리스도의 제자 되게
기도하는 어머니 되게 하소서.

십자가 구속 아래에서 하나님을 사랑할 때
진정한 행복을 누린다는 것을 기억하여
부활의 능력으로 사는 여성 되도록 성령을 부어주소서.

사람의 인정과 칭찬에 목마른 사람이 아니라
하나님의 인정과 사랑으로 인한
친밀감 가운데 더욱 깊이 나가도록 축복하소서.
우리의 소원이 자녀나 남편이 아니라
하나님께로 향해야 함을 날마다 매 순간 깨닫게 하소서.
살리는 언어인 새 생명의 언어가 여성인 내 입술을 통해서
가는 곳마다 선포되게 하소서.
여성으로서 또 아내로서 어머니로서의
사명을 가진 자로 살게 하옵소서.
사랑만이 능력임을 인정하는 여성으로 살게 하소서.

오늘도 가장 귀한 것으로
우리에게 채우시기 위하여 다가오실 때,
아멘으로 화답하게 하소서.
가정과 교회와 이웃의 축복의 통로로,
조국의 회복과 통일을 위해,
열방이 주께 예배드릴 때까지 기도함으로
살기를 결정하고
주께로 손을 든 어머니들의 손을 잡아주소서.
어머니들의 영혼육을 주님께 온전히 의탁합니다.

5장

살아가다

● 아버지 마음 ● 잊지 못할 한 끼 식사 ● 엄마, 비자가 거절됐어 ● 하나님이 있게 하신 자리가 가장 아름답고 복된 자리 ● 밴쿠버 시온선교합창단 ● 목사도 사모도 성도예요 ● 내려놓음으로 ● 당연한 것은 없다 ● 무뎌짐 ● 뿌리 깊은 나무는 ● 걷다 보면 다 막힌 것 같아도 열린 문이 있더라 ● 진실한 아름다움이란 ● 가진 것이 없으니 더 좋은 것이 있더라 ● 행복했던 순간 찰각 ● 인생 최대의 상실이자 슬픔 ● 지금 우리는 토요일의 긴 여정을 걷고 있는 중이다

아버지 마음

지금도 그때 친구의 말을 생각하면 통곡이 터져 나오려 한다. 남편의 신장 이식을 위해 섬기던 교회를 사임하게 되었고, 그간 후원하던 분들에게 연락을 해야 했다. 정말 전화하기 싫었다. 작은 교회이다 보니 사례비가 나오지 못하는 때도 있었고, 앞으로 생활이 어떻게 될지 불안했다. 하나님 나라와 그 의를 위해 살겠다고 그렇게 다짐했는데 환난이 오고 재정의 어려움이 오니 작은 물질도 포기하기가 이렇게 힘들다. 그럼에도 양심상 사역을 후원해 주신 분들에게 전화를 돌렸다. 내수동교회 대학부 동기인 금신이에게 연락할 차례가 되었다. 이화여대를 졸업하고 기독 동기 모임을 매달 가졌던 금신이는 동기 모임에서 매달 정한 금액을 전하는 회계 역할을 맡아왔다.

"금신아, 남편이 신장 이식을 해서 교회를 사임하게 됐어. 지금까지 후원해 줘서 고마워."

해야 할 말을 하면서도 마음이 너무 힘들었다. 그런데 전화선 저쪽에서 금신이의 대답이 들려왔고, 그 말에 숨이 막힐 것 같았다.

"그러니까 더 해야지."

나는 말을 이어갈 수가 없었다. 고맙다는 말을 하고 끊었는지, 뭐라 말하고 끊었는지 기억도 나지 않는다. 그러나 분명히 기억나는 것은 전화를 끊고 나서 내가 통곡을 했다는 것이다. 사면초가의 상태에서 금신이의 말은 여러 생각을 하게 했다. 하나님 아버지가 진짜 아버지라면 아버지의 일을 잘 하는 사람만이 아니라 아픈 손가락에도 마음을 쓸 거라는 생각이 들었다. 아버지의 아픈 손가락 같은 우리에게 마음을 쓰시는 것이 분명하다는 것을 깨달았다.

인디언 언어로 '친구'란 '내 슬픔을 등에 지고 가는 자'라는 뜻이다. 금신이를 생각하며 이 단어가 떠오른다. 금신이는 분명 친구의 슬픔을 등에 지고 가는 친구였다. 동기 모임에서의 후원은 끊겼지만, 개척교회 시절부터 우리가 캐나다에 와서 사역하는 지금까지 금신이 부부는 한 번도 빠지지 않고 우리 가족에게 후원금을 보내며 하나님 아버지가 우리의 아버지 되심을 상기시켜 주고 있다.

우리에게 잊히지 않는 부부가 있다. 김원희 권사님과 성재철 집사님이시다. 우연한 기회에 알게 되었고 우리가 밴쿠버 사역을 시작하여 10년이 넘도록 우리 가정 선교 비용의 많은 부분을 감당해 주신 존경하는 분들이다. 우리를 사역자로 대하기보다 하나님을 믿는 지체요 성도로 여겨주셨다. 나는 어쩌다 한국에 들어가 그분들을 만나면 기도 편지를 자주 보내지 못한 것이 죄송해서 하고 있는 사역에 대해 열심히 설명했다. 그러면 말씀이 많지 않으신 권사님은 늘 나를 지그시 바라보셨다. 귀 기울여 들어주시는 것이 고마워 나는 더 열정적으로 사역을 설명하기 바빴다. 어느 날 권사님이 조용히 말씀하셨다. "너무 많은 일을 하려고 애쓰지 마세요. 목사님의 건강에 더 관심을 가지세요", "일을 많이 하려고 하기보다 말씀과 기도의 자리를 지키는 사역자가 되시면 좋겠어요."

우리 가족은 그동안 일보다 사람을 사랑하는 사람들을 많이 만났다. 사역의 열매를 위한 능력이나 사역의 크기보다 성령의 열매를 맺는 삶에 관심을 갖는 성도들을 많이 만났다. 그래서 우리 가족이 어려워도 부르심의 현장을 지키게 해주었다. 이러한 만남들은 한 사람의 영혼에 관심을 기울이게 해주었고 우리가 사역의 방향을 잡는데 큰 지혜와 힘이 되었다.

마지막으로 강정열 자매님이 떠오른다. 한국을 방문하게 되면 꼭 연락처를 찾아 만나고 싶은 분이다. 우리가 한국을 떠난 뒤로 한 번도 연락할 방법을 찾지 못했다. 한국에 가서도 만나볼 수 없었다. 그 자매님은 우리에게 약 14년 동안 후원을 해주셨는데, 남편이 세상을 떠나면서 통장이 해지되고 후원이 끊겼다. 한국 YWAM에서 만난 이 자매님은 우리가 밴쿠버로 선교를 떠난다는 소식을 듣고 후원을 시작하였다. 그 후로 자매님은 한 번도 사역에 대해 묻거나 따지지 않았다. 기도 편지가 없다고 후원을 끊어버리지도 않았다. 그저 주의 일을 하는 사람들이라고 믿어 주었다고 생각한다. 이로 인해 우리는 우리가 하는 일에 충성스러워야 한다는 것을 다시금 생각하게 된다.

이 외에도 우리에게 마음을 쏟아 준 교회와 사람들에 대한 이야기를 적자면 끝이 없을 것이다. 너무나 감사하고 잊을 수 없는 이들의 사랑과 헌신에 깊이 감동하고 있다. 소자에게 물 한 컵을 주신 교회와 성도들께 주님께서 좋은 것으로 갚아 주시기를 간절히 바란다. 이 땅에서 복음으로 살겠다고 다짐하고 온 우리에게, 보내는 선교사의 마음으로 지원해 주신 그분들의 헌신이 지금의 우리 가족을 있게 했다.

처음에 후원자들이 후원을 시작할 때, 그들은 주의 나라와 그 의를 위해 헌신하겠다는 순수한 마음으로 우리를 지원해 주셨다. 하지만 교회의 사정이나 개인적인 어려움으로 인해 후원을 중간에 어쩔 수 없이 포기해야 하는 경우도 있었고, 앞으로 그런 결정을 내리게 될 수도 있다. 성도의 선교적 헌신은 그 자체로 매우 귀중하므로, 어떤 결정을 내리더라도 하나님께서 하신 것이라고 받아들이기로 마음을 정했다. 그러기에 후원해 주신 교회와 개인들에 대한 감사는 말로 표현할 수 없을 정도로 크다.

선교는 혼자 할 수 없는 일이기에, 우리 가정의 사역이 주님께서 허락하신 그날까지 지속될 수 있도록 끝까지 동역해 줄 믿음의 사람들이 계속해서 생겨나길 바랄 뿐이다. 주의 나라를 위해 귀하게 사용되기를 소원하며 우리를 믿고 보내 주신 한 가정 혹은 한 교회의 후원과 사랑으로 인해, 우리 가정이 다른 한 영혼을 세울 수 있도록 기도한다. 이것은 우리가 이 자리에 있도록 믿어 주시는 하나님의 사랑이자 아버지의 마음이다.

잊지 못할 한 끼 식사

결혼하자마자 남편을 따라 영국으로 건너갔다. 그것이 벌써 30년이 넘게 지난 추억이 되었다. 런던의 템스강 변에 집을 구해 신혼생활을 시작했다. 남편 출근 후 혼자 있는 시간을 어떻게 보내야 할지 계획을 세우기 전이라 가끔 혼자서 템스강 변을 걸었다. 그런데 걷는 것도 며칠이었고 어찌나 피곤한지 남편 출근 후에 침대에서 일어나지를 못하고 다시 잠에 곯아떨어지곤 했다. '낮밤이 바뀐 탓일까? 그게 아니면 몸이 약해졌나?'

그렇게 잠에 취해 지내다 무슨 일인가 싶어 병원에 갔다. 그런데 꿈에도 생각지 못한 임신이란다. 내가 생명을 잉태하다니! 그 기쁨은 어떤 말로도 표현할 수가 없었다. 부모를 멀리 떠나 타국에서 지내며 생명을 얻은 기쁨과 내가 엄마가 된다는 자랑스러움이 나를 압도했다.

입덧이 시작되면서 배추김치가 너무나 먹고 싶었다. 지금은 어느 나라를 가든 한국 슈퍼도 가까이 있고 중국 슈퍼나 코스트코에서도 김치를 쉽게 구할 수 있지만, 그때는 배추를 구하기가 하늘의 별 따기만큼 어려웠다. 양배추로 김치를 만들어 먹을 때였으니…. 인터내셔널 마켓에 가면 가끔 배추를 구할 수도 있다는 말을 듣고 물어 물어 찾아가 한두 번 정도 김치를 담가 먹었다. 주부 초년생이었으니 그 맛은 상상에 맡겨야 할 것 같다.

맛있는 김치를 먹을 수 있는 곳이 또 있다면 예배 후 친교 시간을 갖는 집사님 댁이나 권사님 댁이었다. 주재원들과 유학생이 대부분이고 영국 이민자들이 별로 없었던 때라 예배 후 친한 가정들끼리 번갈아 가며 가정으로 초대해 향수를 달래곤 했다. 감사하게도 젊은 우리를 예쁘게 봐주셔서 귀한 모임에 초대되곤 했다. 거의 매주 방문하는 가정마다 십여 명의 사람이 둘러앉아 영국 생활의 에피소드를 쏟아내며 깔깔거리는 시간을 가졌다. 그때 빼놓을 수 없는 것이 각 가정의 별미요, 오랜 주재원 생활로 가정마다 노하우를 터득한 전문가 수준의 최고급 요리들이었다.

그러던 어느 날 한 구역장님 댁에서 당시 입맛이 없던 내가 눈을 번쩍 뜨게 된 음식을 발견했는데 바로 총각김치였다. 교회 어른들은 어쩌면 그렇게 요리를 잘하시는지 초대를 받아 가는 댁마다 진수성찬으로 식탁이 휘어질 정도였다. 모든 음식이 맛있었지만 그날 나의 총애를 받은 것은 영국에서 쉽게 먹기 힘든 총각김치였다. 어디서 구해 담갔는지 그 귀한 총각무가 커다란 접시에 빨간색 옷을 입은 채 그야말로 요염하게 누워 있었다. 모든 음식을 색으로, 향기로 압도하고 있었다. 나만 그랬을까? 첫눈에 반한 남편처럼 내 눈에 들어왔고 내 차례가 오기를 기다리는 내내 연예인 바라보듯 총각김치를 바라보았다. 접시에 살포시 담아 내 자리를 찾아 앉은 나는 양념으로 멋을 내고 맛을 낸 총각김치를 입에 가져왔다.

오감이 살아 숨 쉬는 것이 바로 이런 것일까? 향긋한 냄새가 코를 자극했고 입에 넣었을 때 총각무 특유의 알싸하고 시원한 맛이 환상적이었다. 또 그 아삭한 식감에 새우깡에 손이 가듯 자꾸만 손이 갔다. 맛있게 잘 익은 총각김치 덕에 그 자리에서 밥 한 공기를 마파람에 게 눈 감추듯 뚝딱했다. 그 이후 입덧과 어지럼증이 사라졌다. 출산을 한국에서 하게 되면서 총각김치를 쉽게 먹을 수 있게 되었지만, 총각김치는 여전히 첫딸 임신 이후 지금까지 내게 최고의 음식이 되었다.

총각김치를 생각하며 글을 쓰는 이 순간에도 저절로 침이 꿀꺽 삼켜진다. 그날의 총각무는 생명을 가진 내게 호흡을 더하는 것이었고, 내 안의 생명과 내 생명을 살리는 영양분이 되었다. 총각김치가 그립다. 오늘 마켓에 나가 봐야겠다.

엄마, 비자가 거절됐어

"은혜야, 바쁘니? 미안한데…이게 무슨 메일이야? 엄마가 너한테 메일 하나 보냈는데 확인 좀!"

문자메시지를 보내고 답을 기다리는 내내 마음과 입이 바싹 마르고 타들어 간다.

"엄마! 나 수업 중인데…수업 마치고 확인할게."

미처 확인하지 못한 CIC(Citizenship Immigration Canada)에서 온 메일을 큰딸에게 재전송했다.

큰딸은 캐나다에 온 우리 부부로 인해 일하고 공부하기를 반복하다 8년 만에 대학을 졸업했다. 대학의 다이얼로그 센터에서 일을 하다, 2021년에 미국 대학원으로부터 전액 장학금을 받고 다시 공부를 시작했다. 대학원에 적응하고, 새 친구 사귀고, 수시로 코로나 검사까지 받으면서 정말 눈코 뜰새 없이 바쁘게 지내고 있었다.

큰딸은 우리가 한국을 떠나 캐나다에 입국한 날부터 13년째 우리의 손과 발이 되었기에, 비자나 병원, 은행 등과 관련된 중요한 메일은 큰딸에게 제일 먼저 보여준다. 매번 큰딸의 도움으로 관공서 일을 해결했다. 이번에도 비자 관련 업무로 딸에게 도움을 청했다.

"엄마! 엄마의 비자가 거절됐대. 2021년 2월 3일까지 캐나다를 떠나라는 메일이야."

"무슨 이유로 비자가 거절된 거지?"

"서류가 부족했던 것 같은데…엄마는 아빠랑 동반 비자인데 그때 아빠 비자를 첨부하는 곳이 없어서 재발급 신청 사유를 못 써 넣었거든."

"그렇지 않아도 3개월이면 비자가 집에 오는데 거의 6개월이 지났는데도 소식이 없어서 이상하게 생각했는데… 이제 어쩌지?"

늘 그랬듯이 이번에도 이주 공사를 통하지 않고 큰딸의 도움으로 CIC 홈페이지에 접속해 캐나다 종교 비자를 신청했고 여권의 유효기간이 넉넉한 남편은 3년의 비자를 받았다. 여권의 유효기간이 거의 끝난 줄 모르고 비자를 신청한 나는 여권을 재발급 받아 비자 신청을 했는데 그것이 거절된 것이었다.

다급한 상황이라 미국에 있는 큰딸 은혜에게 급히 연락을 취했다. 이 나라에 남느냐 떠나느냐의 문제가 걸린 일이었다. 아직 이 나라에서 우리 가족이 할 일이 많아 하나님이 이 나라를 떠나라 하시지는 않을 것 같았지만, 사람 마음이 그렇게 단순하다면 얼마나 좋겠는가. 큰딸 은혜는 미국에서 캐나다 CIC에 접속하여 새로운 비자 신청을 위한 서류 등록을 도왔다. 말수 적은 남편도 일의 사안이 중요한 줄 알기에 어찌 할 바를 모르고 옆에서 "어떻게 됐어?" 하면서 묻기에 바쁘다.

이 나라에 사는 동안 비자 신청을 준비할 때마다 왜 그렇게 떨리는 건지…. 일 때문에 공항을 이용할 때마다 죄 지은 것은 없는데 왜 그렇게 가슴이 두근거리는지…. 내 나라에 가서 살고 싶은 마음이 든 적이 한두 번이 아니다. 내 나라의 소중함을 알게 되기에 해외에 나가서 사는 사람은 애국자가 된다는 말이 이해된다.

비자를 신청할 때마다 자격을 심사받고 허락을 받아야 하는 것을 보면서 내가 그리스도 예수로 단번의 심사를 받고 천국 시민이 되었다는 것이 얼마나 큰 은혜인지 묵상하고 또 묵상한다. 선교사의 삶을 견뎌내게 하는 엄청난 위로다. 하나님은 마치 비자 서류처럼 내게 주기적으로 천국 백성으로서 자격이 되는지, 안 되는지 묻지 않으실 테니 말이다.

하루가 꼬박 걸려 딸에게서 비자 신청을 끝냈다는 전화를 받고 나니 긴장이 풀리면서 녹초가 되어 소파에 주저앉았다.

"엄마, 비자 처리 기간이 87일 정도래!"

비자에 대해 공부하면서까지 엄마 아빠를 돕느라 은혜가 얼마나 피곤할까! 새로운 환경에 적응하기도 바쁠 텐데…. 비자 신청을 위해서는 달리 방법이 없으니 "고맙다, 애썼다"라는 말 외에는 할 말이 없었다. 비자 만료 사흘을 앞두고 새로운 비자 신청을 무사히 마친 기적적인 순간이었다. 처음 비자 거절 메일을 확인했을 때는 가슴이 철렁했는데 서류를 제출하고 나니 마음에 여유가 생긴다. 데드라인을 넘기기 전에 알게 되어 얼마나 감사한지 모르겠다. 결과는 주님의 것이니 마음이 편하다. 이제나 저제나 기다릴 것도 없다. 캐나다 사람들은 워낙 시간을 잘 지키니 때가 되면 오겠지!

비자 신청 후 21일이 지났는데 CIC에서 메일이 도착했다. '또 뭐가 부족하다고 그러나? 그게 아니면 비자가 거절됐나? 87일 걸린다고 했는데….' 무슨 메일일까 열어 보기가 무섭다. 또 큰딸을 귀찮게 한다.

"은혜야! CIC에서 메일이 왔어. 확인 좀 해줄래?"

"응, 잠깐만." 한 번 거절당한 경험이 있으니 딸의 대답을 기다리는 시간이 엄청 길게 느껴진다.

"엄마! 비자가 나왔네."

"뭐? 87일 걸린다고 했잖아?"

"딱 21일 걸렸네."

"어머, 근데 은혜야! 내가 3일 전에 이렇게 기도했어. '하나님, 제 비자 서류가 담당자 책상의 서류 중 제일 위에 올라가 있게 해주세요'라고 말이야."

"와! 하나님은 엄마한테 돈은 안 주시는 대신, 엄마의 기도는 재깍재깍 잘 들어주시네! 엄마 옆에 딱 붙어 계시다가 말이야."

딸의 말에 우리 모녀는 깔깔거리며 웃었다.

하나님은 언제나 좋은 분이시다. 지금까지 믿음의 길을 걸어올 때 쉽지 않은 길을 걸은 것은 분명하지만 하나님은 언제나 신실하셨다. 약속하신 것은 이루셨고, 정말 감당하기 어려운 일이 생기면 늘 함께 계심을 보여주셨다. 자포자기의 마음이 아닌 하나님 아버지의 성품에 대해 묵상하며 좋으신 하나님 아버지를 찬양하는 시간이 되었다. 사건이 생길 때마다 여전히 당황하지만, 결국은 평안으로 마무리되는 시간이 전보다 빨라짐을 느낀다. 언제쯤이면 내가 해결하지 못할 일이 생겨도 당황하지 않을까? 그러나 당황스러운 일이 계속해서 생길지라도 기적을 행하시는 하나님이 나와 동행하시니 나의 찬양은 멈춰지지 않을 것이다.

하나님이 있게 하신 자리가
가장 아름답고 복된 자리

"아줌마, 여기 반찬 좀 더 주세요."
"아줌마, 여기 국이 모자라네요."
"아줌마, 왜 우리는 이렇게 늦게 주는 거예요?"

출근하자마자 빵을 구우면서 하루가 시작된다. 여기저기 테이블에서 부르는 소리가 참 좋다. 나를 필요로 하는 사람이 있고 그 사람의 필요를 채울 수 있다는 것이 뿌듯하다. 이곳에서 식사를 하시는 어르신들은 입맛이 다 다르다. 어떤 테이블에 올라갈 식빵은 다른 식빵들보다 거뭇거뭇 태우다시피 구워야 한다. 어떤 테이블에는 두유를 준비해서 미리 올려놓아야 하고, 어떤 테이블은 달걀과 요구르트를 미리 준비해 드려야 한다. 나의 역할은 모두가 불편함 없이 정해진 시간 안에 식사를 하실 수 있도록 하는 것이다.

약 한 시간 반 동안 두 번에 걸쳐 150여 명의 식사를 나눠 주고 설거지를 하다 보면 손가락이 마비 증세를 일으킨다. 그런 다음 방마다 다니면서 침대를 정리하고 방, 화장실, 샤워실을 청소한다. 각 사람의 성격이 그대로 나타나는 방을 정리한다는 것은 쉬운 일이 아니다. 마음을 단단히 먹고 들어가는데도 때론 청소를 해도 가시지 않는 냄새 때문에 숨을 참아야 하기에 빨리 정리하고 나가고 싶은 마음을 감출 수가 없다.

화장실 청소를 하려다 보면 방 주인이 아픈지 안 아픈지, 혼자 사는지 아내가 있는지까지 알 수 있다. 침대 시트를 갈고 빨아야 하는 시트는 각 방의 번호가 써 있는 빨래 주머니에 넣어 빨래방에 가져다 놓는다. 어쩌다 가끔 빨래가 분실되기라도 하면 사무실은 마비 상태가 된다. 그런 일이 생기기 전에 뭐든 꼼꼼하고 철저하게 정돈하고 묶고 닦고 치우고 청소를 하지만 어쩔 수 없이 생기는 문제는 제아무리 노력한다 해도 안 된다. 모든 일을 마치고 집으로 갈 때는 해방감이 느껴지며 감사와 찬송이 저절로 나온다. 이것은 우리나라의 입주 실버타운 같은 곳에서 일하는 사람의 일상이다.

이곳에는 힘을 잃고 더는 스스로 식사를 준비하기 힘들어 도움을 받는 많은 어르신이 모여 산다. 필요가 채워질 때 만족스러워하는 그분들의 표정을 보는 것이 즐겁다. 우리 부모를 생각하니 우리 부모 모시듯 섬길 수 있어 행복하다. 왜 맨날 자기만 꼴찌로 주느냐고 불평하시는 분들도 계시지만 어르신들이 원하는 것은 문제가 안 되는 일이라면 무엇이라도 해드리고 싶다. 원하는 대로 안 된다고 짜증을 내도 귀여우시다. 나이가 들어가면서 자신의 원래 성품이 나와 작은 일에도 참지 못하고 버럭 하시는 분도 있다. 이곳 생활에 익숙해지면서 어쩔 수 없이 참으시지만 얼굴에 역력히 나타난 불편함과 노여움을 해결하는 방법이 쉽지 않다. 그저 웃으면서 더욱 밝게 인사한다. 어르신들이 집을 떠나 생활하시는데 편하면 얼마나 편하시겠는가! 할 수 있는 대로 만족시켜 드리고 싶은 마음에 나도 모르게 뛰어다닌다. 지켜보시는 어르신들이 내 마음을 알고 한말씀 해 주신다. "천천히 해요. 그러다 다쳐요." "혼자 다 하지 말아요."

부자도 가난한 자도 나이를 먹는다. 공평하게 하루 세 끼 식사를 한다. 병증이 있는 경우를 제외하고 누구를 위한 특별식은 없다. 두 발로 걸어 다니는 것이 노년의 복이다. 건강했던 사람도 어느 날 휠체어를 사용한다. 과거에 사업으로 큰 성공을 거두었던 사람도 실버타운에서 누릴 수 있는 것은 다른 사람보다 방 하나를 더 사용하는 것뿐이다. 어느 날 청소하러 갔는데 방 주인이 천국으로 떠나 그 방에 있던 모든 것이 쓰레기통으로 들어갔다. 이 세상을 떠날 때는 아무것도 손에 쥔 것 없이 떠난다는 것을 실감한다.

아름답게 늙고 싶다. 살아 있는 동안 두 다리가 튼튼하면 좋겠다. 아끼는 물건도 남들이 필요할 때, 혹시 좋아하는 사람이 있다면 미리미리 나눠 주자. 맛있는 음식을 좋아하지만 적당량의 음식만 섭취하고 음식에 욕심내지 말자. 자손들과 잘 지내서 스스로 보고 싶어 찾아오는 어른이 되어야겠다.

어느 날 느닷없이 내 귓전을 때리는 "아줌마"라고 부르는 소리가 익숙해질 때 나는 이곳에서의 일을 마무리하고 나의 부르심의 현장으로 갈 것이다. 잠시 머물다 떠나게 되는 곳이라도 나를 머물게 한 그곳은 언제나 소중한 기억으로 가득하다. 당장은 힘들고 어려워 눈물을 흘리게 한 곳이라도 말이다. 현재 머무는 이곳은 나를 훈련시키기 위한 훈련의 장이다. 나의 부르심과 달려갈 길은 사모와 여성들을 세우고 그들이 비전을 갖도록 격려하는 것이다. 허락하신 그 자리를 감사하며 잘 견뎌낼 때 내가 있어야 할 그 자리로 옮기실 줄 믿는다. 여기서의 배움이 어느 날 다른 곳에서도 사용될 것이다. 하나님은 내가 배운 것을 하나도 버리지 않고 지금까지 때마다 꺼내 사용하시는 분이셨다. 그래서 감사하면서 하루하루를 보낸다.

밴쿠버 시온선교합창단

"목사님이 왜 아프세요?"

이 말이 무슨 뜻인지 처음에는 알아듣지 못했다. 내가 눈치를 못 채니 다시 말한다.

"목사님도 아프세요? 기도도 많이 하는데 왜? 죄를 많이…"

말끝을 흐리는데 그제야 알아차렸다. 구별된 삶을 사는 사역자가 왜 아프냐는 것이다.

"모르죠. 이유가 여럿 있겠지요. 사역자니 아파하는 사람의 마음을 이해하라고…그래서 아팠을 수도 있고요."

아픈 증상은 설명할 수 있지만 왜 아픈지는 설명할 방법이 없다.

'사역자는 마음대로 아플 수도 없고, 아파서도 안 되는구나.' 생각하면서 같이 앉아 있기가 민망한 마음이 들었다. 말이 '아' 다르고 '어' 다르다더니 사람은 참 여러 가지 모습으로 쉽게 마음을 상하게 할 수 있겠구나 싶다.

고국을 떠나 이역만리 타국에서 우리 식구만 달랑 살아가면서 오지와 이슬람권 선교사들의 마음을 아주 조금은 이해하게 되었다. 우리가 속한 선교단체는 다른 단체와 달리 스스로 생활비를 해결해야 한다. 그래서 처음 한국을 떠날 때 우리는 집을 담보로 선교 자금을 마련했다. 그러나 얼마 안 지나 재정이 떨어지기 시작했고 달리 마련할 방도도 없었다.

어느 간증집회 동영상을 보면 선교사님들의 경우 통장에 알지 못하는 분이 보낸 후원금이 찍히기도 하고 집 앞에 쌀을 가져다 놓는 사람도 있다던데, 우리 집 앞이나 통장에는 아무런 일도 일어나지 않았다.

우리는 가끔 정말 어렵고 힘들 때, 은근히 내가 원하는 방식대로 하나님이 일해 주시기를 바라고 내 뜻이 이루어지기를 바란다. 그러나 기적 같은 일은 일어나지 않고 그러면 어쩔 수 없이 우리는 쌀통의 바닥을 긁듯 고통으로 바닥을 기는 순간을 지날 수밖에 없다.

돌아보니 철저한 고통과 고독의 순간은 오직 주만 바라보도록 하시는 하나님이 허락하신 훈련의 시간이었다. 선교는 모든 것이 완벽하기 때문에 떠나는 것이 아니라, 하나님의 마음을 따라 떠나는 것이다. 다른 사람을 섬기면서 하나님의 마음을 배우고, 실수하고 넘어지면서 성화되어 간다. 선교지의 시간은 내려놓음의 시간이며, 나는 아무것도 할 수 없다는 것을 인정하게 하는 시간이다. 다른 사람을 위해 산다는 그 시간을 통해서도 하나님은 계속해서 말씀하신다. 하나님을 찬양하는 자로, 부르심을 받은 자로서 어떠한 상황에서도 하나님만 바라보면 문제가 문제로 보이지 않으며 바울이 말하는 그리스도의 관용을 배우게 된다.

말로 설명할 수 없을 정도로 힘들고 외롭고 아픈 현실 속에서 나의 살길은 목이 터져라 하나님을 찬양하는 일이었다. 성도들이 함께 모여 마음껏 하나님을 찬양하는 밴쿠버 시온 선교합창단을 알게 되었다. 선교합창단은 하나님을 향한 갈망과 그리움을 채워주기에 충분했으며 나의 목마름을 해결해 주었다. 현재 입단한 지 8년이 되어가고 있다. 농부가 한 해를 결산하여 추수하듯 하나님께 드리는 선교합창단 연주회는 그 무엇과도 바꿀 수 없는 기쁨과 환희의 시간이다. 선곡은 지휘자 선생님이 하시지만 매년 연주회 때마다 신기할 정도로 나를 향하신 하나님의 특별한 돌보심과 인도하심을 경험하는 추수감사제임을 고백한다.

삶의 무게로 어깨가 무거워 주저앉고 싶을 때가 내가 합창단에 있어야 하는 이유였다. 아마도 인생이 날마다 봄날 같았으면 찬양이 내 마음을 만지지도 못했을 것이다.

찬양을 부르노라면 어느새 찾아온 성령 하나님이 내 영을 만지셨고 생각지도 않은 눈물이 볼을 타고 주르륵 흐르곤 했다. 그러면 누가 볼세라 나는 얼른 그 눈물을 닦아냈다. 한번은 찬송가를 편곡한 찬양을 부르는데 성령님이 또 내게 말씀하신다.

"한 걸음 한 걸음 주 예수와 함께 날마다 날마다 우리 걸어가리."

마치 이렇게 말씀하시는 것 같았다. "날마다 한 걸음씩 걸어라! 더 많이 걸을 필요 없다. 그리고 너 혼자 걷는 것이 아니다. 내가 함께한다." 주저앉아 있지 말고 일어나 걸으라고 성령 하나님은 곡조 있는 기도를 통해 말씀해 주셨다. 계속해서 찬양을 부르다 보면 어느새 "한 번에 한 걸음이면 됐어. 그리고 그 걸음마다 함께할 거야. 가자"라고 구체적이고 정확하게 말씀하시는 그분의 음성이 들린다.

하나님이 부르신 곳에 서 있다는 것이 거룩임을 배우게 되었다. 하나님을 신뢰하며 감사하며 살기로 날마다 마음을 정한다. 사역의 성공도, 사명의 완성도 다 사람의 입장에서 하는 말이다. 하나님은 내게 말씀하신다. "나와 함께 걸어가지 않겠니? 에녹처럼 말이다."

주와 같이 길 가는 것 즐거운 일 아닌가
우리 주님 걸어가신 발자취를 밟겠네
한 걸음 한 걸음 주 예수와 함께
날마다 날마다 우리 걸어가리

어린아이 같은 우리 미련하고 약하나
주의 손에 이끌리어 생명길로 가겠네
한 걸음 한 걸음 주 예수와 함께
날마다 날마다 우리 걸어가리

꽃이 피는 들판이나 험한 골짜기라도
주가 인도하는 대로 주와 같이 가겠네
한 걸음 한 걸음 주 예수와 함께
날마다 날마다 우리 걸어가리

옛 선지자 에녹같이 우리들도 천국에
들려 올라갈 때까지 주와 같이 걷겠네
한 걸음 한 걸음 주 예수와 함께
날마다 날마다 우리 걸어가리

목사도 사모도 성도예요

캘리포니아에 일이 있어서 잠시 다녀온 적이 있다. 계획에 있었던 것은 아니었는데 결혼 이후 연락이 끊겼던 학창 시절 교회 친구를 만나게 되었다. 오랜만에 만났지만 집사와 사모가 아닌 친구와 친구로 대화하다 보니 서로의 신앙을 판단하지 않고 각자가 경험한 하나님에 대해 편안히 이야기할 수 있었다. 멀리 떨어져 살고 있지만, 우리가 믿는 하나님은 한 분이심을, 그리고 우리는 주 안에서 가족임을 느끼며 성도의 교제가 무엇인가를 기억하게 하는 시간을 가졌다.

내가 대학생 시절 다녔던 교회의 대학부는 전통적으로 많은 목회자와 사역자를 배출했다. 동기 중 생각나는 사람만 해도 십여 명이 목회자로, 한국의 여러 교단 신학교 교수로, 사모로 부름 받았다. 서로 가까이 지내던 형제자매여서 그런지 나는 그들을 목사와 평신도로 크게 구분하지 않았고, 목회자를 성도가 아니라고 생각한 적은 없었던 것 같다. 그렇다고 해서 기름 부으심의 권위나 사모의 부르심이 무엇인지에 대해 잊은 적은 단 한 번도 없다. 그저 목사나 사모도 예수님이 피 값 주고 사신 죄인이라는 것이다.

우리는 교회 생활을 할 때, 목사와 사모도 매일매일 실수하고 고민하며 살아가는 사람이라는 것을 잊어버린다. 말씀을 전하고, 무조건적으로 사랑하려고 애쓰고, 기도해 주는 주의 종의 모습 이외에 목사님의 인간적인 모습을 대할 기회가 많지 않은 것도 이유일 수 있다. '목사님도 사람이야'라고 누구나 생각하지만 동시에 '그래도 목사님은 목사님인데'라고 무의식중에 생각하기도 한다.

사모도 너무도 단순하게 오늘 저녁에는 뭐 해 먹을까 고민한다. 생각하는 머리 모양이 있는데 미용사가 잘못 잘라주면 짜증도 난다. 사모도 양말을 뒤집어 벗어놓은 남편의 배려 없음에 화가 나고, 목사도 빨랫감을 세탁기에 넣지 않았다고 구박하는 아내의 잔소리가 듣기 싫다. 이들도 새벽 기도회에 늦을 거 같을 때 신호등을 지킬 것인가, 무시하고 갈 것인가 고민한다. 몇십 년을 다녀도 습관이 되지 않는 것이 새벽예배다. 여전히 매일 새벽마다 더 자고 싶은 게으름과 거룩한 부담이 싸운다는 머리가 하얀 목사님의 이야기가 너무도 공감된다.

자녀가 내가 생각한 대로 잘 커준다면 얼마나 좋을까 고민하거나, 경제적 능력이 되어 뒷바라지를 잘 해주고 싶어 하는 부모의 마음은 똑같다. 가족을 부양해야 하는 현실적 문제와 소명 사이에서 고민하기도 하고 목회자라는 소명이 직업처럼 느껴질 때 어떻게 그것을 삶으로 살아내야 할지 고민하기도 한다. 오늘의 소명으로 하루를 사는 사역자의 열정의 뒷면엔 준비할 수 없는 노후라는 현실이 있다.

누구나 하는 삶의 고민 자체는 그것이 가벼운 것이든 무거운 것이든 자연스럽고 당연한 것이며, 이런 고민을 하는 것을 스스로 믿음 없음으로 치부하는 것은 섣부른 일일 것이다.

출석하는 교회 성도들과의 교제 속에서 사모 이전에 성도로 부르신 하나님의 섭리를 깨닫는다. 사역자로 섬기기 위해 분별력을 갖고 성도들을 잘 세우기 위해서는 내가 먼저 성도로서 하나님 앞에 잘 서야 한다는 것도 배운다. 실수하고 갈등하고 고민하는 목사와 사모도 교회 안의 한 성도이며 지체임을 기억한다면 건강한 성도의 교제가 회복되지 않을까 생각해 본다.

그리스도의 몸을 사역자와 비사역자로 나누기보다는 모든 성도가 삶 속에서 선교사로서의 정체성을 회복하여 귀한 동역자들을 만나는 축복을 누리길 소망한다. 성도들이 아름답게 교제하고 서로 닮아가고 싶어 하는 교회를 꿈꾼다. 궁극적으로 모두가 예수님을 닮아가는 교회이기를 기도한다.

내려놓음으로

"이 땅의 많은 사람이 다 그런 일을 하고 살잖아. 엄마가 그런 일들을 해보지 않고 어떻게 그 사람들의 마음을 알고 상담을 할 수 있겠어!"

밴쿠버에서 일식당 종업원으로 일할 때, 사장의 반복적인 히스테리와 부당한 대우에 지쳐 갈 즈음 집에서 많이 울었던 나는 딸의 말에 정신이 퍼뜩 들었다.

시댁은 5대째 믿음을 이어온 집안으로 아버님은 정동교회에서 장로로 섬기셨다. 아버님은 대학 교수로 정년퇴임을 하시고 어머님도 그 당시에 대학을 졸업하셨을 정도로 신문물을 일찍 접한 집안이었다. 친정도 한의원을 운영해서 나 역시 부족함 없이 살았다. 나는 결혼 후에도 유치원 교사를 하다가 개척교회 시절에는 중고등학교 상담 교사로 일했다. 몸으로 하는 일은 교회 봉사가 전부인 그런 삶을 살았다. 결혼 전 체력이 약한 나에게 친정엄마는 "그만 쉬어라"를 밥 먹듯이 말씀하셨다. 모두 과거의 일이다.

　현재를 살아가는 모습은 내가 꿈꾸거나 생각하고 계획한 모습이 아니다. 밴쿠버에서 살아내려니 '세상의 헛된 신을 버리고'가 실제화되고 있다. 세계일주를 시켜 주겠다던 남편의 공약은 저 멀리 어디쯤 혼자 가고 있는 건지…. 일을 구하려 하니 40대 후반이라는 나이도 걸리고 영어에 능통하지 못하니 정신노동이 아닌 육체노동이 대부분이다. 일을 할 때는 즐겁게 웃으며 감사하며 했는데 집에 오면 파김치다. 살림은 뒷전이고 씻지도 못하고 침대와 찰떡 궁합이 되어 다음 날 아침을 맞이한 것이 한두 번이 아니다. '사모님'도 '선교사님'도 아닌 '아줌마'로 불리는 데 익숙해지기까지 흘린 눈물의 시간은 진흙을 사용하기 전에 부드럽게 반죽하는 시간이었다.

　오래전 도산 안창호 선생님의 다큐멘터리를 보았다. 사실 많이 기억나지는 않는데 단 한 장면이 잊히지 않는다. 뉴욕 유학 시절 생활비를 벌기 위해 어느 백인 가정집 막힌 화장실을 뚫는 장면이었다. 도산 선생님의 화장실 청소는 내가 무슨 일을 하더라도 견딜 수 있는 버팀목이 되었다. "괜찮아!" 하며….

　웨이트리스, 일식집 식당 보조, 노인 시설 도우미, 영화 엑스트라, 중국인 가정 도우미, 한글 학교 교사, 화장품 방문 판매원…. 마치 TV에 나오는 엑스트라가 된 기분이 들기도 했다. 그러나 나의 정체성을 알기에 내려놓을 수 있었다.

　노동은 곧 기도라고 했던가. 밴쿠버에서의 노동은 쓸데없는 경계선을 허물었다. 사역자로 살면서 하나님이 책임져 줄 거라 믿었는데 하나님은 아무것도 해주지 않으셨다. 통장은 바닥을 보였고 마이너스의 숫자는 커져만 갔다. 그 어떤 기도보다 진실하고 절실한 기도가 시작되었다. 간절한 마음으로 보기만 해도 기도가 되는 것처럼.

　도가니에 들어가야 정금이 되고, 금을 두드리고 단련해야 쓸 만한 그릇이 된다. 그렇게 나는 그릇이 되어가고 있었다. 재정적으로 많은 도움이 되었다고 할 만큼 돈 벌 기회가 많지는 않았지만 이민자들의 아픔 가운데 들어가게 되었다. "노동은 신성하다"라고 말한 칼빈의 말을 미력하나마 이해하게 되었다. "직업에 귀천이 없다"라는 말은 육체노동을 경험한 사람이 말할 때 힘을 갖는다. 그 자리에 있을 수밖에 없었을 그 사람의 마음을 헤아려 본다. 나도 이미 경험했기에.

　세상 사람들은 더 높아지려 하고 더 많이 가지려 한다. 육체노동을 하면서 하나님의 아들 예수 그리스도의 낮아지심이 내려놓음이 었음을 알게 되었다. 예수님은 세상에 오시기로 작정한 순간부터 자기 능력을 제한하고 포기하기로 결정하셨다. 낮아져 보니 낮아짐을 선택한 예수님의 마음을 조금은 이해하게 된다.

　밴쿠버는 나에게 사역자로 살아가게 하기 위한 내려놓음의 훈련장이었음을 뼈저리게 느낀다. 주의 말씀이 아닌 인생학교에서 배우는 공부가 하나님이 내게 하시고 싶은 말씀이었을까? 노동은 나의 의지와 뜻이 아닌 하나님의 뜻과 소원을 보도록 돕는 학교였다. 주방 아줌마로 살수록 내 정체성이 확실해진다. 감사하게도 목사의 아내, 선교사의 아내, 선교사로 사는 것을 내려놓고 싶은 마음은 있었지만 진짜 내려놓은 적은 없다. 노동의 경험으로 어머니로, 아내로 살아가는 이 땅의 여성들의 마음을 품고 기도하게 되었다. 그래서 사역자로 부름 받은 밴쿠버 땅에서 노동을 하게 하셨나 보다. 노동 덕분에 안 보이던 것이 보이고, 인생무상이 아니라 영원한 삶을 향한 기쁨을 회복한다.

"자신을 포기함으로써 인간이라는 존재는 가장 황홀하고, 영구적이고, 확고하며, 무한한 인생의 기쁨을 발견할 수 있다"(스캇 펙).

당연한 것은 없다

"나 이번 방학에 샌프란시스코에 며칠 다녀오려고…조시가 비행기표를 보내준대. 자기가 오고 싶은데 남편이랑 아이를 두고 올 수가 없어서. 그리고 셋이 여기에 오는 것보다 나 혼자 움직이는 게 절약도 되니까. 조시를 본 지 오래되어서 나도 보고 싶고."

딸이 친구의 초대로 샌프란시스코에 다녀왔다. 서로에게 정말 뜻깊은 시간이 되었다고 한다. 그런데 친구가 보내준 티켓으로 미국에 다녀왔다는 말을 들은 딸 친구들이 의아해하며 이렇게 물었다고 한다.

"아니, 비행기표를 사서 보내주는 친구가 있어?"

물론 이 친구의 나눔이 당연하거나 일반적이지는 않다. 그래서 더 고마웠다.

선교사로 살면서 일반적이지 않은 일을 많이 경험한다. 그분들은 우리에게 아버지의 마음 혹은 돌보시는 하나님, 신실하신 하나님을 경험하게 하는 통로가 되어 주셨다. 평생 잊을 수 없는 분들이다. 부르심을 따라 살 때 서로의 가족을 위해 기도하며 하나님이 우리 인생 안에 행하신 일들을 나누며 함께 기뻐하고 즐거워해 준 가족 같은 분들이다. 우리가 놀라운 사역을 해내서, 혹은 우리에게 무엇을 바라서 잘해 준 분들이 아니다. 사역자라는 이유 한 가지로 부족한 중에 나눠 준 분들이 대부분이었다. 그분들은 우리 가족에게 아무것도 요구하지 않으셨다. 대가를 바라면서 나눈 사람은 없었다. 나의 삶에 여유가 없었기에 카드를 보낸다든지 감사를 표현하지도 못했다. 그래서 기도한다. 이분들의 나눔을 기억하시고 주님께서 꼭 갚아 주시기를!

오른손이 한 일을 왼손이 모르게 하려는 그분들은 어딘가에서 자신들의 이름이 드러나는 것을 내부분 꺼리신다. 한 사람 한 사람 떠올릴 때마다 얼마나 고맙고 감사한지 모른다. 이분들의 나눔과 섬김은 당연한 것이 아니다. 10년 넘게 한결같이 그 자리에 있어 주신 존경하는 권사님과 집사님 부부, 친구의 짐을 나누어 져준 친구 부부, 훈련 가운데 만난 간사님, 합창단을 하면서 알게 된 권사님과 집사님, 기도 모임을 하며 만난 권사님, 나의 대학생 시절에 함께한 교회 대학부 동문, 늘 그 자리에 있어 준 대학 친구, 사랑하는 후배, 우리를 파송해 준 교회와 남편의 대학부 동문들이 우리와 함께했다.

밴쿠버 생활에 익숙해지면서 매주 함께한 합창단에서 만난 분들, 늘 기도로 힘내라고 말씀해 주신 목사님과 기도 동역자들, 비빌언덕 사모의집 사역을 이루어가기까지 여러 가지 모습으로 도와주신 분들과 사모님들…. 이분들의 기도와 후원은 하나님께서 우리 가정에 주신 만나와 메추라기였다. 그 섬김이 우리로 부르심을 지속하게 한다. 또한 이 일이 하나님이 허락하신 일임을 기억하게 하고 우리로 겸손케 한다.

내가 누리고 있는 물질의 복을 청지기로서 바라보지 못하면 나보다 덜 가진 사람들을 볼 수 있는 긍휼의 눈을 가질 수 없다. 큰 재산이나 자동차, 집뿐 아니라 컴퓨터, 핸드폰, 작게는 침대나 매일 쓰는 숟가락 하나까지도 우리가 가지고 있는 것들에 대해 너무 당연하게 생각하고 있는 것은 아닌지, 우리의 자녀 세대를 보며 또 자신을 돌아본다.

우리는 원래 감사가 부족하고 감사할 줄 모르는 배은망덕한 존재다. 하나님을 모른다면 우리는 진정한 감사를 배울 수 없다. 그런 우리를 주님이 먼저 사랑해 주셨다. 우리는 왜 작은 일에도 감사하라고 자녀들에게 가르치면서, 정작 자신은 하나님이 인간이 되기까지 우리를 사랑하신 이 십자가 사건에 대해서는 감사하지 못하고 무감각해지는지 모르겠다. 어느 사이에 감동도 감사도 사라지고, 내가 교회에 나가는 것이 도리어 누군가가 감사해야 할 일인 것처럼 되어버리지는 않았는가?

당연하게 되어버린 그분의 사랑이 나의 일상 뒤로 숨겨져 내가 원할 때만 잠깐 나타나는 알라딘의 요술램프가 된 것은 아닌지 되돌아본다.

값없이 주신 사랑이 어찌나 큰지! 그분이 베푸시는 하루하루의 일상이 얼마나 감사한지! 나의 작은 기도에 응답하시는 관심이 얼마나 감사한지! 당연한 것은 없다.

"여호와께 감사하라 그는 선하시며 그 인자하심이 영원함이로다"
(시 136:1).

무뎌짐

우리는 일상생활 속에서 의도치 않은 크고 작은 외상과 내상을 수없이 경험한다. 외상은 눈에 보이기에 원인만 발견하면 그나마 해결법이 간단하다. 외상이 육신의 아픔이라면, 경험한 사람 외에는 설명할 수 없는 내면의 아픔도 있다.

자신의 연약함과 아픔을 표현하는 것에는 큰 용기가 필요하다. 행동에는 옳고 그름이 있지만, 감정에는 옳고 그름이 없다. 그 감정을 통해 희노애락이 흘러나오는 것이 당연하고 자연스러운 것이다. 그런데 대부분의 사람은 약함을 드러내면 그 뒤에 쏟아져 들어오는 말들로 더 많은 내상을 경험하는 것이 두려워 아예 입을 다물어 버린다. 그러는 사이 아픔은 굳어져 딱딱해지고 해결하지 못한 채 시간을 낭비하며 살게 된다. 이 또한 무뎌짐의 다른 모습이 아닐까 생각한다.

아픔과 연약함은 내면의 감정에 솔직하게 직면하는 용기가 있을 때 표현이 가능하다. 처음부터 자기를 표현하는 것이 어색하고 미숙할지라도 긍정적인 것뿐 아니라 부정적인 측면도 지혜롭게 표현하는 연습이 필요하다. 표현되지 못한 부정적 감정은 마음의 병이 되기도 한다. 아프다고 말하면 간단하게 회복될 수도 있는 마음의 병 역시 육신의 병처럼 그대로 방치해 두면 치유가 어려운 상황까지 가기도 한다. 맛있는 밥을 먹기 위해선 압력솥 안에 가득한 김을 빼주는 절차가 반드시 필요하듯, 우리의 내면이 건강하려면 지혜롭게 그리고 때에 맞게 그 감정을 해소하는 방법을 찾는 것이 중요하다.

아픈 것을 아프다고 말할 수 있는 용기 안에는 인생을 아름답게 꽃피울 수 있는 비밀이 있다. 무엇인가에 무뎌지는 것이 무서운 일임을 실감한다. 우리의 사역도 마찬가지다. 살아 역사하시는 주의 영이 왜 우리를 매일매일 새롭게 하지 못하는가? 딱딱해지고 무뎌진 우리의 마음은 설교를 그저 뻔한 이야기로 만들어 버리고, 우리에게 하시는 말씀에 대한 예민함을 죽게 한다. 그저 매주 형식적으로 드리는 예배에, 예배를 향한 갈망이 없어져 버리기도 한다. 내가 편한 대로만 친절과 사랑을 나누는 것에 익숙해져 버린 것도 마음이 무뎌진 결과일지도 모른다.

말씀에 무뎌진 신앙인은 더는 주의 뜻대로 살지 않고 자기 뜻대로 살아간다. 내 뜻대로 사는 삶을 성경에서는 죄라고 말한다. 영적으로 죽어 가고 있는 것이다. 더는 다른 사람의 사랑의 충고가 들리지 않고 하나님의 말씀이 들리지 않게 된다. 육신의 요구에 무뎌지면 자기만 죽지만, 영이 무뎌지면 같은 공동체의 사람들도 죽게 하니 더 무섭다.

오늘 내 안의 무뎌짐을 점검한다. 마음이 무뎌져 가고 있음을 눈치 채지 못했다. 넘치는 은혜에도 더 채워주시기를 구하고 불평하는 것은 지금까지 지내온 것이 주님의 은혜임을 인정하지 않는 것이다. 남편의 입원으로 지난 날들의 어려움이 도리어 감사하고 아픔 또한 감사가 될 수 있으니, 감사 위에 감사라는 말이 이런 상황을 두고 하는 말인가 보다. 남편의 아픔을 통해 나의 무뎌짐을 보게 하시고, 아픔 가운데 웅크릴 수밖에 없는 연약한 존재인 우리가 함께 일어나 걷게 하시는 하나님의 은혜에 감사하다.

밴쿠버에서 우리가 선교사로 산다는 것은 하나님의 은혜로만 해석할 때 가능한 일이다. 밴쿠버에 도착한 날을 기억하며 매년 신명기 8장으로 가정예배를 드린다. 우리의 길이 주님 나라에 가기까지 늘 평탄하지만은 않을 것이다. 인생이 잘 풀린다고 느껴질 때도, 그렇지 않다고 느껴질 때도 내 힘으로 하는 것이 아님을 기억하려 한다. 내 삶이 하나님의 계획 안에 있음을 신뢰하며, 범사에 감사와 찬송과 무뎌지지 않는 예민함으로 주 앞에 겸손히 살기를 기도한다.

뿌리 깊은 나무는

20여 년 전 영국에서 살 때였다. 갑자기 큰 태풍이 불어와 수명이 몇백 년이나 된 나무들이 푹푹 쓰러졌다. 큰 나무라 하면 그까짓 바람은 견딜 줄 알았기에 이해가 되지 않았다. 영양분과 물이 풍부한 이 나라에서는 나무들의 굵기와 높이가 상상을 초월한다. 그런데 큰 태풍이 오면 어마어마하게 큰 나무들도 바람을 견디지 못하고 쓰러진다.

"이번 태풍으로 우리 집 마당의 나무가 옆집 마당으로 쓰러졌어요. 나무가 조금만 더 컸어도 큰일 날 뻔했어요."

약 3주 전 밴쿠버 전역에 정전 사태를 일으킬 정도로 엄청난 태풍이 불어닥쳐 나무들이 넘어졌다. 아는 권사님 댁의 집채만 한 나무가 옆집으로 넘어갔다는 소식을 듣고 달려갔다. 쓰러진 나무의 몸을 지탱했던 뿌리는 몇 가닥 되지 않았고 옆으로만 퍼져 있었다. 영국의 나무들과 다르지 않았다. 어떻게 저 정도의 뿌리로 저 큰 나무의 몸을 지탱하였을까 놀라울 정도였다. 좋은 환경에서 자란 크고 아름다운 나무가 어려움 앞에서 그 뿌리의 깊이를 드러낸 것이다.

바위가 많은 땅은 나무가 자라기에는 척박하다. 그러나 한번 자리를 잡은 나무는 신기하게도 온갖 태풍에도 잘 견뎌낸다. 한국의 아버님 산소 가까이에도 커다란 소나무 한 그루가 있다. 어찌나 잘 자라는지 우리 가족에게 그 나무는 근심 덩어리였다. 쑥쑥 크는 소나무가 산소에 그늘을 만들어 떼가 누렇게 뜨고 산소의 흙을 흉하게 드러냈다. 더 큰 문제는 그 나무의 뿌리가 계속 자라 산소로 파고들 수 있다는 것이었다. 의논 끝에 소나무를 뽑아 내기로 결정하고 인부들을 고용했다. 그러나 나무의 뿌리가 깊고 잔뿌리가 많아 사람의 손으로는 어렵겠다고 했다. 그곳은 돌이 많은 땅이라 웬만한 도구로는 어렵다는 것이다.

그늘을 만드는 가지는 적낭히 쳐주고, 산소 쪽을 향한 뿌리만 겨우 잘라 내며 우리는 나무 뽑기를 거기서 멈췄다. 땅의 척박함이 그 나무의 뿌리를 더 깊고 더 단단하게 내리게 한 것이다. 자연에서 인생을 배운다. 뿌리 깊은 나무는 어떠한 바람에도 견디며 자기 자리를 굳건히 지킨다. 모든 것이 넉넉하다고 좋은 것이 아니다. 때론 부족함이 그 나무의 뿌리를 깊고 건강하게 내리게 한다는 것을 배운다.

하나님 아버지의 마음을 날마다 배우며 조금씩 더 알아간다. 우리의 참 좋은 아버지 하나님은 모든 것을 가지신 분이다. 작정만 하면 자녀에게 무엇이든지 주실 수 있다. 그런데 기도한다고 다 주시지는 않는다. 또는 내 생각과는 전혀 다른 것을 주시기도 한다. 그 응답을 이해하기까지 힘든 시간을 보낼 수도 있다.

그러나 신실하고 완전하신 하나님을 신뢰하게 되는 순간 나를 향한 사랑을 더 깊이 깨닫는다. 그 아버지의 사랑과 계획이 얼마나 완전한지 감사할 뿐이다. 결국 나는 무익한 종임을 고백하며 주를 자랑하게 하신다. 고난은 하나님의 영광을 드러내는 재료다. 현재의 고난은 마지막 때의 갑옷이다. 힘들고 어려운 시간을 견디는 것은 나를 위한 아버지의 뜻을 이루는 시간이 된다.

"그리스도께서 이미 육체의 고난을 받으셨으니 너희도 같은 마음으로 갑옷을 삼으라 이는 육체의 고난을 받은 자는 죄를 그쳤음이니"(벧전 4:1).

걷다 보면 다 막힌 것 같아도
열린 문이 있더라

"잘 다녀왔어?" 작은딸이 우당탕거리며 계단을 올라오는 소리를 듣고 반가이 인사를 했다. 작은딸은 엄마의 말에 대답도 없고 눈도 마주치지 않은 채 자기 방으로 쏙 들어가버린다. 집에 오면 제일 먼저 달려가는 언니 방도 그냥 지나쳤다. 손 씻고 방으로 들어가 쥐 죽은 듯 조용하다. 밖에서 일어난 일이면 집에 오자마자 털어놓을 텐데…. 무슨 일인지는 모르지만 이럴 때는 눈치껏 조용히 있는 것이 상책이다. 무슨 일이냐고 달려가 묻고 싶은 마음을 붙잡아 앉히며 저녁 준비에 분주한 듯 도마 위 또각또각 소리에 힘을 더한다.

'무슨 일이지? 학교에서 교수님과 불편한 일이 있었나? 직장에서 상사하고 안 좋은 일이 있었나?' 혼자 아무리 상상해 봤자 뾰족한 답을 얻을 수가 없으니 답답하기만 하다.

이제 올 11월이면 작은딸도 졸업이다. 졸업까지 9년이 걸렸다. 감사하게도 작은딸이 인턴으로 근무했던 주 정부 보건복지부에 졸업 1년 전에 입사하게 되어 시간제로 일을 시작한 상태다. 졸업만 하면 정식 직원이 되고 1년 후에는 영주권 신청도 가능하다. 학교 성적도 관리를 잘 하고 있으니 언니처럼 좀더 공부했으면 하는 바람이 있다.

동생이 집으로 들어오는 소리를 들었는데 자신의 방을 찾지 않으니 언니가 밖으로 나온다. 동생 방을 지나쳐 먼저 부엌에 있는 나에게 다가와 눈빛으로 묻는다.

'엄마, 쟤 왜 그래요?' 며칠 동안의 저기압 분위기를 아는 우리는 소리도 못 내고 눈으로 대화한다. '나도 몰라. 한번 들어가 봐.' 나는 고개를 흔들며 눈짓으로 말한다.

방에서 꼼짝하지 않고 있는 동생에게 언니가 문밖에 서서 무심한 듯 한마디를 던진다. "학교에서 무슨 일 있었어?"

꾹 다물고 아무 말도 하지 않을 것 같은 동생의 입을 여는 재주가 언니에게는 있나 보다. 기다렸다는 듯 작은딸은 언니에게 폭포수처럼 말을 쏟아 놓기 시작했다.

"교수님이 대학원에 바로 들어가래. 통계학은 대학원 정도는 나와야 길이 넓고 취업도 쉽다고. 그런데 말을 못 했어. 학비도 없고 영주권도 없다고…."

교수님이 그렇게 말씀하실 때 인정받는 것 같아 얼마나 좋았을까? 그러다 현실로 돌아와서는 또 얼마나 힘들었을까?

사실 그렇다. 남들처럼 영주권이라도 있으면 학자금 융자라도 받아 취직 후 갚으면 될 텐데, 남편이 이식 수술을 받은 후에나 영주권에 도전해 볼 수 있으니 영주권 취득이 언제 가능할지 알 수 없는 상태다. 한창 날고 싶은 젊은 나이에 열정을 받쳐 줄 기반이 아무것도 없다는 현실이 얼마나 답답했을까? 내가 무슨 일이 있었는지 묻지 않은 것이 천만다행이다. 딸의 불편한 마음을 고스란히 떠안으면서 아무것도 해줄 수 없으니 미안한 마음이 있는데, 한편으로는 설명할 수 없는 묵직함이 내 안에서 느껴진다.

내게 주어진 일에 대해 엄마로서, 사역자로서 나름대로 최선을 다했지만 영주권 문제를 해결하지 못하는 무능한 엄마는 딸 앞에서 죄인이다. 웬만하면 3~4년 만에 영주권을 취득하는데, 우리는 이 땅에 산 지 12년이 넘었는데도 아직이다. 종교비자는 가능하지만 아빠가 아프니 영주권 신청보다 우물가에서 숭늉 찾는 일이 더 쉬울 것이다.

가만히 듣고 있던 언니가 한마디 한다. "나도 그랬어. 나도 학교 공부를 지속해야 하나, 인턴을 해야 하나 하며 고민 많이 했어. 학비가 없어서 인턴을 자주 했던 거잖아. 오늘까지 학교 등록을 해야 하는데…. 그게 아니면 인턴으로 결정되었다는 소식이라도 빨리 오면 좋은데, 인턴 소식은 없고 공부를 하자니 학비는 없고…. 게다가 휴학을 하면 다음 비자 신청이 어려우니 완전 사면초가였어. 공부를 할지, 인턴을 할지 내가 선택할 기회가 안 오더라! 인턴이 보장되면 편안하게 휴학을 결정할 수 있는데, 바로 당일까지 이러지도 저러지도 못했던 적이 한두 번이 아니야. 오늘 중에 하나를 긴박하게 결정해야 하는데 내 의지와 상관 없이, 학비도 없고 인턴 합격 소식도 없으니 어쩔 수 없이 휴학 서류를 제출해야 했던 적도 있어. 그런데 절묘하고 기가 막히게 휴학을 결정하자마자 인턴 합격 소식이 오고…. 선택의 기회 없이 코너에 밀려 길을 걷다 보니 끝이 보이고, 끝까지 가보니 열린 길이 있더라. 문이 다 닫혀 있는 것 같아도 걷다 보면 열린 문이 있어. 그러면 그 문으로 걸어 들어가면 돼. 나는 그 길을 하나님이 인도하신 걸로 믿고 걸었어. 그렇게 지금까지 온 거야. 너도 그냥 그렇게 걸으면 돼."

힘들어하는 동생에게 언니가 해주는 그 한마디가 시원한 사이다다. 자신의 경험을 토대로 말하는 큰딸의 말 한마디에 엄마인 내 속이 뻥 뚫린다. 언니가 하는 말을 한동안 말없이 듣고 있었지만 딸의 마음이 누그러지는 것이 부엌에서도 느껴진다. 맞다. 길을 걷다 보면 막막한 느낌이 들 때가 있다. 그러나 하나님이 분명 열어 놓으신 문이 있다. 자녀들이 하나님을 알아가고 배워가는 중에 있음이 감사하다.

때로는 아무리 옳은 설명이라 할지라도 인생 경험이 많은 엄마의 이야기보다 지금 바로 앞서 한 걸음 먼저 걷고 있는 언니의 말 한마디가 더 설득력 있고, 가려진 소망이 보이듯 힘이 되는 것 같다. 친구 같은 언니가 먼저 그 길을 걸어 봐서 참 다행이다.

우리 부부도 걷다 보니 지금 여기까지 왔다. 선교지를 밴쿠버로 결정하고 떠날 때 어려움이 많았다. 많은 반대와 불확실성 가운데 밴쿠버로 오게 되었다. 선교사로 사니 부족한 것은 여전히 많지만 살면 살수록 하나님이 우리 가정에 최고의 것을 허락하셨다고 말하게 된다. 남편의 신장 투석과 이식, 그리고 교회 사임은 우리에게 꽉 막힌 길이었다. 그리고 밴쿠버는 우리 가정에게 열린 문이었다.

그 경험을 내가 먼저 했다고 내 믿음을 자녀에게 강요할 수 없으니 마음도 입도 무거워진다. 자기 자신의 믿음으로 걷기까지 그 걸음이 얼마나 무거울까 생각하니 안쓰럽기도 하다. 그러나 자녀에게 다 설명할 수 없었던 엄마의 믿음을 언젠가는 자신의 믿음으로 자녀들이 취하게 될 날이 올 것이라 믿는다.

아직도 가야 하는 우리 인생길, 여전히 생각지도 못한 복병은 숨어 있다. 그때 우리 대화의 추억 보따리에서 다시 꺼내 볼 우리만의 보물이 있다. "걷다 보면 다 막힌 것 같아도 열린 문이 있더라!" 언젠가 이 말을 떠올리며 여유롭게 웃을 날이 올 것이다.

"고난 당한 것이 내게 유익이라 이로 말미암아 내가 주의 율례들을 배우게 되었나이다"(시 119:71).

"길이 닫힐 때 나머지 세상이 열린다"(파커 J. 파머).

진실한 아름다움이란

　알베르트 아인슈타인은 "삶에 대한 단순하고 겸손한 태도는 모든 사람에게 도움이 된다"라고 말했다. 우리 부부는 결혼하자마자 남편의 일로 영국에 갔다. 모든 것이 낯설고 어색한 타국이었지만 아름다운 템스강이 나를 위로해 주었다. 차가운 강바람을 맞으며 템스강 변을 따라 걷고 있으면 에밀리 브론테의 《폭풍의 언덕》이 생각났고, 손을 닮은 나뭇가지가 창을 두드렸다는 표현이 이해가 되곤 했다. 크고 작은 요트들과 선수들을 태우고 훈련 중인 카누가 템스강 변을 오르락내리락했다.
　그 틈새로 백조와 청둥오리들이 분주한 발놀림을 숨긴 채 유유히 헤엄치며 오갔다. 가끔 사람들이 식빵 조각을 던져주면 백조는 그 길고 우아한 목을 유연하게 좌우로 움직이며 열심히 받아 먹었다. 실제로 그렇게 우아한 백조를 눈앞에서 보니 마치 내가 영화 속 주인공이 된 듯했다.

그런데 갑자기 백조 녀석이 사람들이 던져주는 빵을 독차지하려고 그 우아하고 긴 목으로 청둥오리의 머리를 냅다 쪼며 공격했다. "여기는 내 영역이고 내 먹이야"라고 외치는 것 같았다. 백조의 길고 딱딱한 부리의 공격에 청둥오리는 놀라 달아나 버렸다. 백조의 탐욕은 그걸로 끝난 것이 아니었다. 먹을 것을 든 사람만 보면 쫓아와서 음식을 줄 때까지 옷자락을 놔주지 않았다. 나도 몇 번 먹이를 주다가 백조의 횡포에 점차적으로 거리를 두게 되었다.

고즈넉하고 고풍스러운 영국의 정취에 취해 있다가 백조 덕분에 내면의 아름다움에 대해 생각하게 되었다. 세상의 아름다움에는 항상 이면이 있다는 사실도 다시금 떠올렸다. 내면의 아름다움을 알기 전에는 아름답다고 말하지 말아야 한다.

그리스도의 향기가 나는 사람은 어떤 사람일까? 그저 겉모습만으로 사람의 아름다움을 판단할 수는 없다. 진정으로 아름다운 삶은 백조가 빵을 위해 청둥오리를 공격하듯이 육의 것에 목매며 사는 삶은 분명 아닐 것이다. 명품을 두르고 남의 시선을 즐기며 사는 모습도, 이웃을 돌아보지 않고 나의 행복만 추구하는 모습도 아닐 것이다. 인간은 간사해서 당장 보이는 아름다움에 쉽게 반응하고 또 쉽게 실망하기도 하지만 나이가 들어갈수록 그것이 전부가 아니라는 사실을 더 뚜렷하게 깨닫는다.

오랜 세월 동안 농사로 거칠어지고 쭈글쭈글해진 피부에 거북이 등딱지 같은 손으로 자녀들이 올 때마다 푸짐하게 싸주고도 더 주고 싶어 하는 어머니의 단순한 삶을 생각한다. 누구도 차별하지 않는 지체장애인의 해맑은 웃음을 생각한다. 평생 폐지를 주워 가난한 학생들의 학비를 후원한 어떤 할머니의 희생을 생각한다.

아름다움의 척도는 사람마다 다를 것이다. 검소하고 단순한 그리고 자연주의의 삶을 살았던 헬렌과 스콧 니어링 부부는 이렇게 말한다. "우리가 조화로운 삶을 사는 데 기본이 될 만한 것이라고 여기는 최소한의 몇 가지 가치가 있다. 단순한 생활, 긴장과 불안에서 벗어남, 무엇이든지 쓸모 있는 일을 할 기회, 그리고 조화롭게 살아갈 기회"가 그것이다. 그들은 단순함과 자연과 조화롭게 사는 삶을 주장하고, 또 실제로 그렇게 살았다. 흙에서 왔으니 흙으로 돌아갈 때 가져갈 수 있는 것이 무엇이 있겠는가? 아름다운 삶을 살고자 하는 사람들에게 귀감이 된 이 부부의 삶에 마음이 끌린다.

단순한 삶을 살아가기 위해 이제 나를 돌아보아야 할 때가 나에게 찾아왔다. 아팠던 남편을 떠나보내고 나니 그제야 나도 여기저기 아픈 것이 느껴진다. 이제 검소하고 단순한 삶을 위해 내 건강을 돌봐야 한다. 단순한 삶을 위해 비우고 나누고 버리는 삶을 살아야 한다. 자녀들과 함께하는 공간 속에서 하하호호 웃으며 쉼과 소통의 삶을 공유하는 여행을 하고 싶다.

사는 날 동안 건강을 위한 최소한의 노동으로 정원을 가꾸고 싶다. 정원을 가꾸다 나무에 기대어 앉아 쉬면서 독서를 하는 여유도 꿈꾼다. 죽음이 내 앞에 이르렀다 해도 좀더 살기 위해 문명의 이기를 사용하지 않을 것이다. 누구에게도 병구완이라는 부담을 주지 않기 위해 곡기를 끊고 자연스러운 죽음을 맞이하고 싶다. 자녀들에게 오랫동안 기억되는 단순하면서도 나답게 사는 아름다운 삶이고 싶다.

그리고 매일 나를 새롭게 하시는 아버지 앞에서도 아름답게 나이 들고 싶다. 겉모습에 쉽게 혹하고 넘어지는 어쩔 수 없는 나의 인간적 연약함과 가벼움을 보게 되겠지만 어제나 오늘이나 한결같이 중심을 보시는 그분을 닮아가기를 소원한다. 나를 향한 그분의 한결같은 사랑에 부응하는 진정한 나답게 사는 삶을 갈망한다. 나를 지으신 그대로 온전히 회복하여 부르시는 그날까지 그분을 담은 그릇으로 살기를 소망한다.

가진 것이 없으니
더 좋은 것이 있더라

"비자를 신청하고 기다리는 중이에요. 그런 경우 투석을 받을 수 있나요?" 몇 년이나 그곳에서 투석을 받았으니 비자가 나올 때까지 가능하다고 말해주기를 간절히 바라며 한 질문이었다. '오케이'라고 대답할 줄 알았다. 그런데 돌아온 대답은 투석 1회당 500불을 지불하라는 것이었다. 나는 피가 거꾸로 올라오는 것 같았다. 계산이 늦은 나지만 저절로 숫자를 헤아리고 있었다. 주 3회면 한 달 동안 12~13회를 해야 하는데 생활비를 빼고도 최소 6천 불 정도는 준비되어야 한다는 말이었다. 앉은 자리에서 한숨 섞인 기도가 저절로 새어 나왔다. "오 주님! 언제 비자가 나올지도 알 수도 없는데 이 나라를 떠나라는 말씀인가요? 선교사의 삶에 가당키나 한 말입니까?"

우리 가정이 이 땅에서 선교사로 사는 것이 맞다고 확신을 갖고 왔건만 매번 비자를 신청하고 받을 때 생각지도 않은 일이 가끔 일어난다. 이때도 여느 때처럼 비자를 신청했고 비자 서류가 오기를 기다리고 있었다. 남편이 속해 있는 YWAM이 국제 단체이다 보니 개인적으로 문제가 없는 한 때가 되면 문제없이 비자가 나왔다. 가끔 서류가 밀려서 한두 주 늦게 도착하는 경우를 제외한다면 말이다. 이번에는 코로나19로 인해 더 많이 더뎌지고 있었다. 거기다 새롭게 시작된 지문인식 시스템을 거쳐야 최종 비자가 도착하게 되는데 지역마다 있는 지문인식센터가 코로나19로 업무가 정지되어 우리 순서가 언제 올지 알 수 없는 상황에서 기다리고 있었다.

'평소보다 좀 많이 늦네'라고 생각하는 순간 정기적으로 병원에 가야 하는 남편이 떠올랐다. 남의 나라에서 이방인으로 살면서 아프면 안 되는데 몇 년 전부터 다시 투석을 시작한 남편은 주 3회는 무조건 병원으로 출근한다. 거기서 콩팥의 역할을 대신 해주는 투석기의 도움을 받는다.

비자가 늦어지는 건 괜찮은데 병원에 가야 하는 환자가 있으니 불안해지고 당황스러워지기 시작했다. 병원 담당자에게 연락을 취했다. 비자가 많이 늦어지고 있는데 이런 경우 어떻게 하면 되는지 알아야 준비라도 할 수 있을 것 같아 연락했더니 돌아온 대답이 '투석 불가'라니, 이제 어떻게 해야 하는 걸까? '오, 주여!'를 반복하여 읊조릴 수밖에 없었다.

사실 이 나라 국민도 아닌데 비자를 가지고 있다는 이유 하나만으로 무료로 병원 치료를 받을 수 있다는 것은 우리 가족에게는 기적 같은 일이다. 처음 이 나라에 올 때도 주님이 가라 해서 온 것뿐인데, 순종 말고는 잘한 것이 없는데, 와서 보니 병원비가 무료라 정말 깜짝 놀랐다. 그리고 지금도 우리는 무료 치료를 받기 위해 비자가 필요하다. 비자를 기다리며 할 수 있는 것이 정말 아무것도 없었다. 너무 오래 아프다 보니 기도를 부탁하기도 어려워진다. 적은 비용이 아니라 누군가에게 도움을 요청할 수도, 빌리기도 부담스러운 상황이다. 고향을 벗어난 삶이 얼마나 고달픈지! 이럴 때는 아픈 남편이 그렇게 야속할 수가 없다. 아프지만 않다면 이런 걱정할 일도 없을 텐데….

'투석을 못 받는다면 한국으로 나가야 하나? 무슨 해결 방안이 없을까? 잠시 투석을 멈추는 동안 몸의 부기를 빼주는 약을 먹으면 도움이 될까?' 이런저런 인간적인 생각을 하니 투석을 받는 남편에게 은근히 화도 나고, 해결 방법이 딱히 떠오르지 않으니 뇌가 마비되는 것 같았다. 그렇다고 남편에게 잔소리를 해봐야 소용없으니 조용히 부엌에 들어가 물을 틀어 놓고 설거지를 하는데, 문득 시편 131편 2절의 "실로 내가 내 영혼으로 고요하고 평온하게 하기를 젖 뗀 아이가 그의 어머니 품에 있음 같게 하였나니 내 영혼이 젖 뗀 아이와 같도다"라는 말씀이 떠올랐다. 이 상황에서 하나님이 내게 원하시는 마음이 이 마음이 아닐까 하는 생각이 들었다.

'그렇다면 어떻게 해야 이것을 갖고 누릴 수 있을까요?'라고 질문하며 성경책이 놓인 곳으로 갔다. 그리고 성경을 펼쳐 들었다. 1절에는 "여호와여 내 마음이 교만하지 아니하고 내 눈이 오만하지 아니하오며 내가 큰 일과 감당하지 못할 놀라운 일을 하려고 힘쓰지 아니하나이다"라고 기록되어 있었다. 교만하지 않고 오만하지 않다는 것은 감당하지 못할 놀라운 일을 하려고 힘쓰지 않는다는 말이고, 지금 내가 해야 하는 일은 그다음 3절에서 말하는 하나님의 얼굴을 구하는 일이라는 확신이 들었다.

'지금까지 밴쿠버에서 살면서 특별한 문제 없이 비자가 나온 것도 주가 하신 일이고, 혹시 한국으로 돌아가야 한다면 그 또한 하나님 소관이다. 나의 인생에 개입하시는 하나님을 믿는다면 어떻게 하실지 기다려보자. 내가 해결할 수 없는 일을 힘쓰고 애써 보아야 마음만 힘들지 아무것도 달라지는 것은 없다.' 결과를 주님 앞에 내려놓으니 내 마음은 즉시 평안함을 얻었다. 이 일을 통해 일이 생길 때마다 불안해하는 마음이 얼마나 교만하고 오만한 마음인지 알게 되었다. 그러면서도 나는 내가 하나님을 신뢰한다고 말하고 있었다. 역시 진정한 믿음은 어떤 일을 겪어 보아야 안다.

캐나다는 안 되는 것은 안 되는 정직한 나라다. 의료보험공단 측에서도 비자 없이는 투석 불가라고 대답했지만 우리는 몇 번이나 다시 연락하며 도움을 요청했다. 하나님의 긍휼은 언제나 남편에게 특별하다. 하나님의 놀라운 은혜로, 불가하다던 서류를 두 번이나 연장해 주어 남편이 무료로 투석을 받게 되는 기적을 경험했다. 하나님의 은혜가 아니면 해석되지 않는 사건이다. 이 은혜를 누가 어떻게 설명할 수 있을까?

비자가 제때 나오지 않아서 말씀의 능력을 경험했다. 돈으로 해결할 수 있는 일이 제일 쉬운 일이라고 한다. 그럼에도 우리에게는 그 쉬운 일조차 너무나 어려운 일이다. 그러나 돈이 없어서 불편한 마음으로 보낸 시간에 주를 바라보게 되었고, 기적을 경험하는 기회를 누렸다. 가진 것이 없어서 말씀이 주는 젖 뗀 아이의 평안을 누려 보았다. 말씀을 믿고 기다릴 때 그것이 이루어지는 것을 경험하게 되었다.

이방인으로 다른 나라에서 사는 것은 하나님이 믿음을 달아보는 시간이다. 오늘도 가진 것 없는 이방인으로, 나그네로 삶의 현장에 있지만 남의 나라에서 견뎌낼 수 있는 것은 하늘 아버지 덕분이다. 지금은 아버지 집에 대한 소망을 더 크게 갖고 믿음을 훈련하는 시간이기도 하다. 가진 것이 없기에 천국을 더 사모하고, 천국을 사모하니 이 땅에서 가지지 않은 것이 복이라는 사실을 더욱 배우게 된다.

행복했던 순간 찰칵

"아빠가 정말 좋아했는데, 지난해 예산이 없어서 못 간 것이 아쉽다."

"맞아. 아빠가 정말 좋아하셨어!"

아빠와 함께한 추억을 떠올리며 대화를 나누다 보니 딸들의 두 눈에 눈물이 고인다. 듣고 있던 나도 눈물이 핑 돈다. 사진을 찍어 준다고 하자 걷다가 지팡이를 높이 들고 포즈를 취하던 남편의 모습이 아직도 눈에 선하다. 오랜만에 떠난 여행을 그렇게 좋아하더니 지난 12월 남편은 혼자만의 여행을 떠났다. 남편과 마지막으로 함께했던 가족 여행은 가장 행복했던 잊지 못할 여행이 되었다.

우리는 가까운 찻집에 둘러앉아 시원한 차 한 잔과 달콤한 치즈 케이크를 경쟁하듯이 먹으며 깔깔리는, '소확행'을 즐기는 가족이었다. 그렇지만 여행을 계획한 적은 없다. 재정 때문인지, 남편의 건강 때문인지, 아니면 하루하루 살아가느라 정신이 없어서인지 언감생심 여행을 계획하거나 꿈꾸지도 않았다.

벌써 2년 전 일이다. 우리가 밴쿠버에 온지 13년째 되던 해였다. 미국에 계신 박 집사님에게서 연락이 왔다. "휴가 비용을 보내고 싶으니 주소를 알려주세요." 우리는 줌에서 노래를 배우고 가르치며 알게 된 지 몇 달 안 된 사이였다. 집사님은 내 노래 선생님이었다. 우리에게 정해진 만남의 시간은 30분, 노래 부르기 바쁜 그 시간에 가끔 우리 부부가 하는 사역에 대해 관심을 갖고 물은 것이 전부다. 휴가를 못 가서 불평을 한 적도, 누구에게 말한 기억도 없었기에 신기했다. 집사님이 보내오신 비용과 두 딸이 마련한 재정으로 생각지도 않은 휴가 계획을 세우고 실행에 옮겼다.

우리는 이른 새벽 여객선에 차를 싣고 밴쿠버 주도인 빅토리아로 떠났다. 밴쿠버에서 온 가족이 처음으로 함께 3박 4일간의 여정을 갖게 되었다. 설렘과 흥분으로 가득 차 별거 아닌 것에도 웃음 소리가 컸다. 혼자가 아니라 함께하는 여행이었기 때문이리라. 출발을 알리는 뱃고동 소리가 '뿌앙~' 하고 울리며 우리의 여행을 응원한다. 갑판에 올라가 머리카락을 휘날리며 떠오르는 태양을 배경 삼아 사진도 찍고, 오고 가는 섬과 인사도 나눈다. 섬 사이 보이는 등대가 얼마나 많은 사람들의 희망이 되었을까! 우리가 탄 배가 짙푸른 바다의 넘실거리는 파도를 가로지르는데 선장님의 목소리가 들린다. "돌고래가 나타났으니 갑판 앞쪽으로 나오세요." 우리 모녀는 우르르 선장님의 말을 따라갔다. 갑작스러운 돌고래의 출연은 우리의 첫 여행을 응원하는 자연의 축하 박수 같았다.

한 시간 반 만에 도착한 빅토리아섬에서 우리가 예약한 숙소로 가는 중 그 유명한 부차드 가든 팻말이 우리 앞을 스치듯 지나간다.

딸들과 가고 싶었지만 걷기 힘든 남편을 위해 그냥 지나갔다. 숙소는 방 하나에 부엌이 딸린 거실과 샤워실로 된, 가족이 잠시 사용하기에는 부족함이 없는 'b&b'(bed and breakfast, 아침 식사가 딸린 숙박)다. 숙소에 짐을 풀고 '배고프다'를 연발하며 브런치 카페로 가니 우리 같은 여행객이 많이 모여 있다. 언제쯤 순서가 되려나 창문 안쪽의 분위기를 살핀다. 창문 하나 사이로 가진 자와 못 가진 자가 나뉜다. 식사를 마친 사람들이 나오고 30분은 족히 걸려 들어간 카페 안은 시끌시끌했다. 우리에게 제공된 자리는 창가 쪽 햇살이 쏟아지는 곳이었다.

자리를 차지하지 못한 자들의 부러움을 한몸에 받으며 뿌듯한 마음으로 안내된 자리에 앉자 뽀글뽀글 노랑머리 아가씨가 메뉴판을 가져다준다. 우리 세 모녀는 인기 있는 메뉴를 물어 주문할 예정이지만, 메뉴판 독서를 좋아하는 남편은 언제쯤 주문 음식을 결정할지…. 기다리다 지쳐 딸들이 아빠를 채근한다. 그러거나 말거나 남편은 역시 메뉴판을 독서하듯 차근차근 읽어 내려간다. "우리 아빠, 메뉴판 독서 시작하셨다." 딸들이 아빠를 놀리며 깔깔거린다. 남편은 본인의 목표 달성을 위해 귀를 막고 눈만 활짝 연다. 오랜 기다림 끝에 드디어 음식 주문에 성공했다.

주문을 받아 가는 여성의 경쾌한 메뉴 확인이 있은 지 얼마 안 되어 주문한 음식이 나왔다. 음식 맛을 보며 다들 즐거워했다. "기다리는 사람이 많은 이유가 있어!" "역시 오기를 잘했어." "다음에 여기 또 오고 싶다." 가벼운 대화 속에서 우리는 마냥 즐거웠다. 우리는 갖지 못한 자들의 부러워하는 눈빛과 종업원들의 무언의 압력을 느끼며 일어나 카페 밖으로 나왔다. 어디를 가든지 역시 음식이 있어야 한다. 음식은 사람의 마음을 넉넉하게 하고 하나 되게 만든다. 국회의사당 쪽으로 발걸음을 옮기며 우리는 점점 빅토리아섬 안으로 스며들어가고 있었다.

인생 최대의 상실이자 슬픔

"은혜 아빠!"

평소처럼 불러보지만 역시 대답이 없다. 눈을 뜨니 남편 없는 더블 사이즈 침대가 운동장만 하다. 언제쯤 이 넓은 침대가 익숙해질까. 나의 남편 이태하는 1958년 1월 27일에 대한민국 서울시 중심부인 종로구에서 태어났다. 남편의 집안이 4대째 믿음의 뿌리를 내린 정동교회에서 우리는 1988년 11월 12일에 백년가약을 맺었다. 사랑하는 두 딸의 아버지이자 내 남편 이태하 목사는 20여 년이라는 세월 동안 질병과 오랜 친구처럼 지내다 2022년 12월 18일 영면에 들어갔다. 34년 하고도 한 달 6일을 나와 함께 살다가 육신으로는 영원한 이별을 했다.

폭설이 내린 날, 중환자실에 누워 있는 남편을 만나기 위해 우리 세 모녀는 차를 몰고 갈 수가 없어 무릎까지 쌓인 눈길을 헤치고 한 시간가량 걸어서 병원에 갔다. "나의 사랑, 나의 어여쁜 자야, 일어나 나와 함께 가자"라는 주님의 부르심을 따르듯 남편은 우리에게 잘 있으라는 인사도 없이 훌쩍 떠났다. 어디를 가든 우리는 늘 네 식구였는데 이 넓고 넓은 우주에 이제는 셋뿐이다. 남편이 오래 앓았어도 죽음을 준비할 수는 없는 것이다. 우리 세 모녀는 설명할 수 없는 슬픔을 안으로 삭이며 운다.

눈길이 가는 곳마다 남편의 흔적이 가득하다. 식탁 위에는 몇 번 먹지 않은 약병이 굴러다닌다. 냉장고 서랍에는 유효기간이 남은 인슐린이 여섯 상자나 남았다. 침대 밑에는 신장 이식 후 챙겨 먹던 면역억제제가 몇 상자다. 건강을 지켜준다는 것들이 점점 더 남편의 힘을 앗아간 건 아닐지 의심했지만 그것도 이제는 무의미한 일이 되었다. 남편의 머리숱이 줄어든 것은 나이가 들어서일까, 오랜 병력 탓일까. 머리가 시리다며 외출할 때 쓰고 다니던 중절모는 어느새 하얗게 먼지를 뒤집어쓰고 오지 않을 주인을 기다린다. 양복과 와이셔츠는 상자에서 막 꺼낸 듯 접힌 자국이 그대로다. 면도기와 전동 칫솔은 물론, 향이 좋다며 늘 찾던 내가 만든 비누에도 어느새 물기가 바짝 말랐다. 발가락 변형으로 걸을 때마다 의지했던 지팡이가 친구를 기다리며 침대 머리맡에 외롭게 기대어 서 있다.

이사 다닐 때마다 이고 다니느라 힘들어 남편을 미워하게 했던 책은 더는 주인의 눈길을 받지 못한다. 절약한다고 중국산 저가품 통신 판매 사이트에서 산 전자제품이 기내용 여행 가방에 빼곡하다. 충전도 안 되는 핸드폰 충전기, 에어팟과는 거리가 먼 이어폰, 무엇을 위한 것인지 구입한 사람만 알 것 같은 전자제품은 남편의 관심을 어떻게 끌었을까? 호기심에서 구입했을 물건은 사용 불가에 가깝지만, 남편의 마음이 담겨 있을 것 같아 버리지도 못하고 한쪽에 치워둔다.

요리를 해도 맛있게 먹어 줄 남편이 이제는 없다. 매주 수요일마다 힘든 다리를 끌면서 쓰레기통을 옮기던 모습과 그 소리도 점점 가물가물해지겠지…. 응급실에 가기 전날 남편이 만들었던 마지막 갈비찜을 떠올리는 것만으로도 울컥해진다. 앞으로 어떻게 갈비찜을 먹을 수 있을까?

남편이 아직도 병원에 있을 것만 같다. 차차 몸이 좋아지고 있으니 걱정하지 말라는 문자메시지가 올 것 같아 핸드폰을 만지작거린다. 입원 중에 병실 창문 앞에 서서 손을 흔들어 주던 남편이 생각나서 병원을 지날 때마다 창문을 올려다본다. 혹시 손이라도 흔들어 줄까? 내 편이기보다 '남의 편'인 남편에게 불만이 많았다. 이제는 남의 편이 되어도 좋으니 곁에만 있으면 좋겠다. 아픈 남편이라도 살아 있는 것이 감사라는 말이 무슨 말인지 이제야 알겠다. 딸들에게 무척 유머러스하고 다정한 아빠였는데…. 늦게 들어온다고 아이들을 채근하는 나를 제치고 "아빠가 데리러 갈게" 하며 아이들에게 힘을 실어주던 아빠. 아이들의 신랑감은 자신이 손수 골라야 한다고 했는데, 앞으로 누구와 아이들 일을 의논해야 할까?

남편의 떠남은 내 인생 최대의 상실이자 슬픔이다. 하나님의 경륜 안에 있는 삶과 죽음은 나를 깨트리고 주를 닮게 하기 위한 과정이었을까? "떠난 자리가 아름다운 당신, 고운 것만 기억나는 당신은 하나님이 내게 주신 최고의 선물이었어."

식탁 앞 보면대 위에 악보 대신 남편의 사진이 있다. '좀더 친절할 걸… 아무것도 바라지 않고 좀더 사랑해 줄 걸… 먹고 싶다는 것 맘껏 먹게 하고, 쓸 일이 없어도 지갑에 용돈을 두둑히 챙겨줄 걸….' 듣지도 못하는 사진 속 남편에게 조용히 혼잣말을 한다. "은혜 아빠, 미안해! 그리고 많이 보고 싶다."

지금 우리는 토요일의
긴 여정을 걷고 있는 중이다

　한여름의 더위를 식혀 주는 장맛비는 때때로 심각한 피해를 낳는다. 내가 어릴 적인 1970년대 초만 해도 장마철만 되면 지직거리는 텔레비전 화면을 통해 어느 마을의 축대가 무너져 피해를 입고, 어떤 빌라가 물에 잠겼다는 뉴스를 심심치 않게 전해 듣곤 했다. 장마가 곧 시작될 예정이니 허술한 축대를 관리하고 물 새는 곳이 없는지 돌아보라는 것이 뉴스의 주요 내용이었다.
　우리 집에 축대가 있지는 않았지만 장마 피해에서는 예외가 아니었다. 어릴 적 부족함 없이 자란 것 같은데도 장대비가 쏟아지는 날이면 방수가 잘못된 집 천장에서 떨어지는 물로 방바닥은 물난리가 났다. 세숫대야에서 넘친 물에 찌익 하고 미끄러져 엉덩방아를 찧는 것은 예사다. 어느새 스며들었는지 구멍은 안 보이지만 방수가 덜 된 틈 사이를 밀고 떨어져 내리는 장맛비를 막을 길이 없었다. 장마철 내내 집 안의 양동이와 그릇이라는 그릇은 다 가져다 놓고 천장을 타고 흘러내리는 비를 받아냈던 어릴 적 기억이 생생하다.

　장마가 끝나도 지붕에 스며든 물이 다 마르기까지 떨어지는 물방울을 받는 대야는 계속 거실과 방마다 놓여 있었다. 장대비가 그치면 대야를 비우는 횟수는 줄었지만 한동안 물이 차나 안 차나 신경을 써야 했다. 또 실내의 비 피해를 최소화하기 위해 집 천장에서 떨어지는 물방울을 따라 그릇을 옮겨 놓아야 했다. 그 시기를 놓치면 집 안에 있는 수건과 걸레를 들고 다니며 물이 흥건한 방바닥을 닦느라 바빴다. 그래도 장마철이 오면 어쩌나 크게 걱정하지는 않았다. 양동이와 대야를 가져다 놓으면 해결되었기에 문제로 생각하지는 않았다. 집을 지어 이사를 가기까지 양동이와 세숫대야 줄 세우기는 장마 때마다 하는 연중 행사였다. 하늘에서 내리는 장맛비를 어떻게 막을 수 있으며, 누가 멈추게 할 수 있겠는가?

　비 개인 날 하늘에 걸린 무지개를 보면서 하나님이 다시는 물로 심판하지 않겠다고 약속하신 말씀이 떠오른다. 그렇다. 멈추지 않는 장맛비는 없었다. 비록 찢어진 우산으로 비를 맞고 옷이 홀딱 젖어 추위에 떨지라도, 또 제아무리 지루하고 긴 장마라도 언젠가는 끝난다. 지겨운 장맛비 앞에 있는 사람이라면 누구나 '이 비가 언제 그치려나. 그만 좀 퍼붓지' 하는 생각을 가질 것이다. 지긋지긋한 장맛비가 멈추는 것을 기다리는 것이 쉽지는 않을지라도 햇살 가득한 날은 반드시 온다.

　어릴 적 새 집을 지어 이사를 가면서 지붕에서 떨어지는 비에 대한 생각은 저절로 하지 않게 되었다. 그냥 새 집이 좋아서 옥상에서 신나게 뛰었던 그날이 생생하다. 비빌언덕 사모축제를 준비하는 것이 내게는 만만치 않은 일이지만 사모님들이 좋아하며 활짝 웃었던 그 순간들을 생각하면 너무나 좋아서 내년에 또 섬겨야겠다는 마음이 생긴다.

장맛비가 있어서 감사하다. 장맛비는 우리에게 인생이 광야라는 것을 가르친다.

내 앞에는 여전히 걸어야 할 길이 남아 있다. 하나님의 특별하신 계획 안에 있다면 모를까 광야에서 가나안으로 초자연적으로 뛰어넘을 수 있는 방법은 없으며, 또 광야 없이 가나안은 없다. 하나님은 광야에서 나를 낮추시고 주리게 하시며, 또 조상들이 알지 못하던 만나를 내게 먹이셨다. 사람이 떡으로만 사는 것이 아니요 여호와의 입에서 나오는 모든 말씀으로 사는 줄을 내게 알게 하려는 하나님의 계획이었다(신 8:3).

하나님은 광야가 결점 투성이 내 인생에 하나님 아버지의 마음을 배울 수 있는 시간임을 가르치신다. 태초에 나를 디자인하신 하나님이 나를 나답게 하시고 나의 믿음을 더욱 순전케 하여 아버지가 원하는 일을 이루시기를 바란다. 내 생이 끝나 나를 부르실 때 내가 좋아하는 요셉이나 바울이 아닌 참 자유자 김혜한 그 자체가 되어 하나님의 이름을 부르게 하실 주를 찬송한다.

누구나 크고 작은 고난 속에 살고 있으며, 그 누구도 고난을 완벽하게 피할 수 없다는 것도 배운다. 이스라엘 백성이 가나안으로 가기 위해 건너야 했던 광야를 우리도 예외없이 건너야 함을 배우게 하시니 불평할 것이 없다. 가나안에 이르기 위해서는 수르 광야를 지나고, 신 광야도 지나고, 시내 광야도 지나야 한다.

믿음으로 살아간다 할지라도 피할 수 없는 광야길 덕에 두 딸의 인생을 하나님의 손에 의탁하는 것이 자연스러운 일이 되었으니 그

보다 감사한 일이 있을까? 자녀들에게 믿음의 유산을 상속하고자 했던 소원대로, 부모가 믿는 하나님이 자녀들의 하나님이 되기를 바라면서 지금도 믿음을 상속하기 위한 길을 걷고 있다. 믿음의 길을 걷다 보면 생각지도 않은 아픔이 또 생길 수 있겠지만 그 또한 지나가리라는 것을 믿으며 우리도, 딸들도 성숙하게 될 것을 기대하니 도리어 감사하다. 또한 하나님이 부르셔서 떠나갈 그날에 믿음의 상속이 이루어지고 천국에서 만나자고 유언하게 되기를 소망해 본다.

아직도 끝나지 않은 광야길에서 하나님이 내게 약속하신 일들을 어떻게 이루어 가셨는지 자손들에게 말하게 되는 것은 나의 또 다른 사명이며 기쁨이다. 야곱처럼 나그넷길이 험악했다고 고백하게 될지라도, 요셉을 양 떼처럼 인도하신 하나님을 신뢰하며 모세를 가나안이 아닌 천국으로 이끄신 그 하나님의 말씀을 따라 살다가 주님이 부르시면 기쁘게 천국에 이르기를 바란다. 그날에 오늘도 살아서 역사하시는 하나님, 아브라함과 이삭과 야곱의 하나님을 밝고 환한 천국에서 보게 될 것이다. 그것은 내 인생 최고의 선물이며 마지막 선물이 될 것이다.

헨리 나우웬은 우리가 살고 있는 지금이 성 금요일이며 가장 힘들고 어두운 시간대라고 말했다. 그러나 부활하신 예수님이 재림하시는 그날, 구속이 완성되는 날이 밝아올 것이다.

> "기독교에서 그토록 강조하는 성 금요일은 '십자가의 날'이다. 비기독교인들과 무신론자들도 그 사실을 알고 있다. 곧 그리스도는 자신이 불의와 끝없는 고통 그리고 버림받음과 수수께끼 같은 잔혹한 죽음을 겪을 것을 처음부터 알고 계셨다. 이것은 인간 세계의 역사

적 차원뿐 아니라 각각의 일상에도 직접적인 영향을 끼치고 있는 요소들이다. 우리는 필연적으로 그 고통과 사랑의 실패와 고독을 알게 된다. 그것이 우리의 역사이며 개인적인 운명이다. 하지만 우리는 승리의 주일에 대해서도 알고 있다. 그리스도인들에게 그날은 확실하게 보장된 것인 동시에 위태로운 사실이며, 명확하나 인간의 이해를 넘어서는 개념이다. 또한 그날은 죽음을 정복한 사랑과 부활과 정의를 의미하기도 한다. …그 주일의 외형에는 '희망'이라는 이름이 새겨져 있다(이보다 더 대체 가능한 단어는 없다). 하지만 지금 우리는 토요일의 긴 여정을 걷고 있는 중이다"(조지 스타이너).

에필로그

2024년 7월, 캘리포니아 남가주 사랑의교회에서 열리던 KWMC 선교대회에 다녀왔다. 많은 선교사들과 사역들을 보며, 주님이 나에게 원하시는 삶과 사역은 무엇일까 생각해 봤다.

남편이 떠나고 하나님께 물었다.

"하나님! 왜 벌써 데려가셨어요?"

울다가 잠이 들었는데 꿈을 꾸었다. 그 꿈이 아직도 생생하다. 예수님과 마주 앉은 남편에게 예수님이 말씀을 하셨다.

"태하야, 그동안 애썼다. 이제 그만 가자"라고 하시자 남편이 고개를 끄덕이고 주님을 따라갔다.

세상에는 잘난 사람이 참 많다. 사람들의 인정과 찬사를 한몸에 받는다. 실력과 능력, 무슨 일을 얼마나 잘했는지에 따라 평가되는 세상에서 그들이 눈에 띄는 것은 자연스러운 일이다. 그런데 나와 남편은 키도 크고 씩씩한데도 사람의 눈에 띄지 않는다.

남편은 키가 크다. 키가 186센티미터나 되는 사람이지만 오랜 시간 앉아 있어도 사람들 눈에 그리 잘 띄지 않는다. 듣는 일에는 뛰어나지만 말은 거의 없는 편이다. 가끔 말을 하지만 목소리 톤이 낮아 멀리까지 소리가 가지 않는다. 얼마나 말이 없는지 나는 가끔 남편을 '언어상 개도국(개발도상국가)'이라 놀린다. 남편을 떠올릴 때마다 꾹 다문 입이 제일 먼저 떠오른다. 자랑할 일이 있어도 목소리를 높여 말하거나 크게 드러내지 않는 사람이다.

그런데 신기하게도 남편이 떠나고 난 뒤에 사람들로부터 듣는 말이 있다. "이태하 선교사님 때문에 위로받았어요", "이태하 선교사님처럼 살고 싶어요" 등의 말이다. '그렇게 조용했던 사람이 언제 위로를 전했을까?' 문득 궁금해지기까지 한다. 하나님의 메신저로서 나의 삶이 어떠해야 하는지 말해주는 것 같다.

한 사모님과 전화 통화를 하게 되었다. 사모님이 기도하면서 마음에 든 생각이라며 전해주었다.

"이태하 선교사님이 천국에 입성하는데 땅에서 취한 영광이 없으니 잘했다고 예수님이 맨발로 뛰어나오셔서 흰옷을 입혀주시며 안아주셨어요."

남편을 떠나보낸 인생 최대의 상실을 겪은 후에도 남은 자의 삶은 계속된다는 것을 배운다. 믿는 자로서 우리는 앞으로 오실 예수님, 그리고 천국을 바라보며 사는 사람들이다. 또한 그날이 올 때까지 계속해서 성화되는 삶을 사는 사람들이다.

남편이 천국으로 가는 과정과 입성하는 날에 남편의 환하고 밝게 빛나는 모습을 보았다. 남편의 모습 속에서 우리를 깨끗하게 하셔서 천국으로 부르시는 인격적인 하나님을 봄과 동시에, 또 앞으로 성도로서 어떻게 살아야 할지 생각하게 된다. 계속해서 성화되어 가는 과정에서 우리를 깨끗하게 하시며, 우리가 믿는 자로서의 특권과 정체성을 알기를 원하지 않으실까? 우리를 너무나 사랑하셔서 계속해서 교제하기를 원하시고 아름답게 만들어가기를 원하시는 하나님 아버지의 열심을 생각한다. 하나님이 "이제 가자!"라고 말씀하실 때 기쁘게 따라갈 것이다. 아버지와 함께할 천국에서 나의 생명이 연속될 것을 생각하니 이 땅을 살아갈 힘이 생긴다.

하나님께서 그만하라고 하실 때까지 계속해야 할 나의 사역도 생각해 본다. '비빌언덕 사모의집'을 처음 시작할 때 한 사람만이라도 위로받으면 된다는 마음으로, 한 사람을 생각하며 시작했다. 열방의 구석진 선교지에서 누군가 나를 필요로 한다면 가리라는 다짐이 이 일의 시작이었다. 커다란 나무 아래 어스름한 달빛을 받으며 앉지도 서지도 못하고 서성이는 한 여성이 떠올랐다.

비빌언덕 사모의집 사역은 눈에 띄지 않는 사역이다. 숨겨진 사모들을 섬기는 사역이니 사람들 눈에 크게 드러날 일이 없는 것이 당연하다. 누구나 공감하는 사역이 아닐 수도 있다. 비빌언덕 사모의집 사역은 드러나지 않기에 여러 어려움을 겪기도 한다. 그런데 신기하게도 드러나기를 원치 않는 사람들에 의해 준비되고 운영된다. 사람들의 눈에 띄지 않는 비빌언덕 사모의집 사역을 위해 빛도 없이 이름도 없이 섬겨 주신 분들을 주님이 기억하시고 갚으시기를 늘 기도한다. 집을 훌쩍 떠나 비빌언덕 사모의집에 다녀간 사모님들이 다른 사모님들에게 "위로가 되었다", "주님의 마음을 알게 되었다"라고 전해주는 사역이기를 기도한다.

언젠가 주님이 나를 부르셔서 천국에 입성할 때 주님이 달려와 세마포 흰옷을 입혀주시며, 남편처럼 '땅에서 취한 것이 없으니 잘했다고 칭찬받는 사람이 되면 좋겠다. 비빌언덕 사모의집 사역을 위해 기도하고 후원하는 모든 사람에게 동일한 은혜가 머물기를 기도한다.

김혜한 선교사의 남편 이태하 목사는 1959년생으로 인하대학교에서 화학과를 졸업하고 결혼 후 일반 직장을 다니다가 선교로 부르심을 받고 합동신학대학원을 졸업했다. 이태하 목사는 사역자이기 전에 하나님의 자녀로서의 정체성과 어린아이와 같은 마음을 잃지 않은 사람이었다. 사람 앞에 자신을 증명하지 않았고, 낮아지는 것을 부끄러워하지 않았다. 육신의 연약함을 겸손함으로 받아들이고 묵묵히 하나님이 있으라고 한 자리를 지키며 살아냄으로 아내와 두 딸의 존경을 받았다. 2022년 12월 18일 저녁에 평화로운 모습으로 하나님의 부르심을 받고 이 땅을 떠났다.

〈'월간사모' 문예공모전에서 장려상으로 입상한 글을 나눕니다. 사모님과 여성 분들에게 큰 위로가 되길 바랍니다.〉

소망이라는 이름을 가진 사모님께!

주님이 인정하여 부르시고 세우신 사모의 자리를 잘 지켜내고 있는 사모님께 주님의 평안을 전합니다. 열악한 환경에서 하나님을 전하려니 얼마나 어려움이 크십니까? 인생 여정이 사투를 벌이는 영적 전쟁이라는 것을 생각할 때, 전쟁의 한가운데서 접전 중인 사모님들을 떠올려봅니다. 저도 사모이기에 이미 경험하였고, 지금도 그 자리를 지키며 서 있습니다. 그러기에 사모의 자리에 서 계신 것만으로는 정말 잘하는 것이라고 응원하고 싶어 글을 보냅니다.

부르신 자리를 지켜내기 위해 최선을 다하며 무진 애를 쓰고 있을 사모님! 아내요 어머니로서 감당할 일이 많음에도 또 많은 성도들을 섬기는 사모의 자리를 마다하지 않고 감당하고 있을 사모님! 세상에서 그렇게 열심을 낸다면 물질이나 지위의 보상이 따를 텐데…. 당장 눈에 띄는 것이 주어지지 않음에도 주님이 맡겨주신 자리라 믿고 묵묵히 그 자리를 지키는 사모님은 세상에서 최고로 아름다운 분이십

니다. 기도와 섬김으로 만들어진 사모님의 굽은 손, 뻣뻣해진 무릎이 많이 아프시죠?

우주에서 지구를 바라보면 사람이 만든 인공적인 불빛이 많은 지역이 가장 환하고 밝게 빛난다고 합니다. 가끔 이런 생각을 합니다. '하나님이 지구를 바라보실 때 정말 환하게 빛나는 곳은 어디일까?' 아마도 기도의 눈물로 얼룩진 사모님만의 골방과 굽은 손으로 드린 섬김의 자리가 아닐까요? 가끔 전쟁의 소리는 있지만 아주 전쟁의 포화 속으로 들어가지 않는 까닭은 열방에 흩어져 기도하는 사모님들의 무릎과 섬김 때문이 아닐까 생각합니다.

더 많은 사람이 주께 돌아오기를 바라는 하나님의 소원과 사모님들의 기도가 만나는 곳이 주님의 평화가 머무는 곳일 겁니다. 그러니 사모님의 굽은 손과 뻣뻣해진 무릎을 자랑스러워하셔도 됩니다.

그렇게 기도와 섬김이 있어도 사역이 내 맘같이 쉽지는 않지요? 사모님도 아시는 것처럼 사람을 사랑하는 힘이 내 안에 없음을 아는 것이 사역을 통해 가르치시는 하나님의 레슨 같아요. 사역을 잘 해내고 싶은 마음은 참 귀하고 또 잘 해내면 좋겠지만 사역을 잘하는 것보다 주님이 세우신 자리에 굳건히 서 있는 것이 더 중요하다는 것을 사모로서 30년을 넘게 살다 보니 저절로 배우게 됩니다. 내가 가진 능력

이 아니라 하나님의 은혜와 감사가 일을 하게 하는 힘이며, 그렇게 했을 때 진정으로 하나님도 나도 기뻐하게 된다는 사실을 깨닫습니다.

사모님의 그 자리는 사모님 외에는 아무도 설 수 없는 자리입니다. 사랑하는 남편의 옆자리이기 때문이기도 하지만, 하나님이 열두 제자를 불러 세우셨듯 골라서 세우신 사명의 자리이기 때문입니다. 그 자리에 서 있으면 실수도 잘 드러나고 실패도 눈에 띄겠지만, 사랑의 마음으로 한 모든 것은 결과에 상관없이 하나님이 다 받으셨으리라 믿습니다. 지금껏 정말 잘하셨습니다. 힘들고 어려울지라도 견뎌내는 사모님을 잘하고 있다고 칭찬하고 칭찬합니다.

이제는 남편이 받은 사명의 자리를 넘어 주님이 불러 세운 사모의 자리에 굳건히 서기를 바랍니다. 바울 사도도 원하는 상이 있었던 것을 아시는지요? 그는 상을 받기 위하여 달려갔고 주님이 맡기신 복음 전도의 사명을 기쁨으로 감당했습니다. 주를 보게 될 그날에 의의 면류관과 기쁨의 면류관, 영광의 면류관을 씌워 주실 것을 기대하면서요. 사모님에게도 동일한 면류관이 주어질 것을 확신합니다. 예수님 손의 왕관처럼 나를 안고 춤을 추실 예수님을 기억하고 힘내시기를 간절히 기도하며 부탁합니다.

그래도 가끔은 내가 누구인지, 어디를 향해 달려가는지 모를 때가 있으시죠? 누구를 위해 부르심의 자리에 서 있는 건지 스스로를 돌아보고 격려할 수 있는 시간이 있으면 참 좋겠습니다. 예수님을 생각하고 소망을 품어도 때로는 맘이 어렵다는 것을 같은 사모로서 공감합니다. 때로는 누군가 내 마음의 소리를 조금만 들어줘도 이길 힘이 생길 것 같다고 생각하지만, 누군가에게 그 어려움을 말했다 도리어 더 큰 어려움을 겪은 경험이 있거나 목사 가정이 그래도 되느냐는 손가락질이 두렵기도 하여 결국은 홀로 참아 견디며 눈물을 훔치고 있을 사모님…. 그 마음 잘 압니다.

온 맘과 정성을 다하여 남편과 자녀 그리고 성도들을 뒷바라지하다 보면 가끔은 나라는 존재가 누구인지 헷갈릴 때도 있더군요. 사모님도 누군가의 사랑받는 딸이고 여자라는 것을 남편과 성도들은 잊어버릴 때가 참 많은 것 같아요. 그럼에도 사랑하는 남편 목사님이 부르심에 충성하도록 목사님 곁에 램프의 요정처럼 서서 교회를 위해 정말 기쁘게 헌신하고 있다는 것을 조금만이라도 알아 주었으면 하는 마음이 들 때는 남모를 외로움이 조용히 찾아오기도 하잖아요. 물론 그럴 때 우리의 마음을 가장 잘 아시는 하나님이 옆에 계셔서 다행이고 감사하지만, 하나님은 옆에 계실 뿐 아니라 실제적인 우리의

필요에도 관심을 갖고 계신 분이라는 것을 기억하면 좋겠습니다.

사모도 사랑하는 자녀들의 필요를 채우고 싶어 하는 엄마라는 것을, 사모도 여자인지라 때론 고운 립스틱 바르고 예쁜 옷 차려 입고 분위기 있는 곳에서 근사한 식사도 가끔 하고 싶어 한다는 것을, 이미 내려놓은 지 오래지만 예쁜 것도 사고 싶고 내 자신을 위해 뭔가를 도전하고 싶어 하는 여자라는 것을!

아이늘이 어릴 때는 만 원 한 장이 없어서 누구를 만나는 것도 부담스럽고 집 밖을 나가는 것이 불편했던 기억이 오래도록 남아 있습니다. '네 이웃을 네 자신과 같이 사랑하라'는 말씀의 전제가 '내 몸 사랑'이라는 것을 깨달으면서 생각이 바뀌게 되었습니다. "그게 무슨 말입니까? 반찬값 오천 원이 없는 마당에…" 이렇게 말씀하실 수 있습니다. 저도 제 자신을 위해 뭔가를 투자한다는 것을 몇 년 전만 해도 생각지 못했습니다. 딸들이 직장에 다니면서 조금씩 맛보게 되었고, 돈이 아니라 마음의 여유가 문제라는 것을 알게 되었습니다. 그러다 비싸지는 않지만 내 자신에게 스스로 했던 선물이 내 마음을 뿌듯하게 하고 발걸음을 가볍게 해주었던 기억이 있습니다.

그러면서 가끔은 스스로를 위한 시간을 가져야 한다는 것을 배웁니다. 마음이 우울해질 때 기도도 해야겠지만 나만을 위해 시간을 내고 만 원짜리 스카프라도 사서 분위기를 연출해 보는 겁니다. 비록 작지만 나를 아끼고 응원하는 마음이 내게 힘이 될 것입니다. 나 자신을 위한 따뜻한 커피 한 잔, 초록빛 가득한 공원과 작고 아담한 마을을 걸어보는 것, 산책하면서 찍은 사진들, 그러한 소소한 일상의 선택이 즐거움을 주고 그 안에 하나님의 위로가 있다는 것을 알고 계실 것입니다. 소소한 일상에 대한 감사가 나를 건강하게 하고 행복하게 하여, 나를 사랑하는 것이 무엇인지 실제적으로 경험하게 하는 힘이 되곤 합니다. 무엇보다 나를 사랑하는 것은 그 사랑이 남편과 자녀와 성도들에게 자연스럽게 그리고 기쁘게 흘러가도록 힘을 줍니다.

사모의 자리가 이름만으로도 버거운 자리인 줄 아는 사람이 아무도 없다 할지라도 우리의 신랑 되신 예수님은 누구보다 잘 아십니다. 바다에서 배가 항해할 때, 잔잔한 바다보다 배를 지키기 위해 죽을힘을 다해 싸울 파도가 있어야 그 파도에 의해 목적지까지 빠르게 갈 수 있다고 합니다. 거칠게 느껴지는 인생의 파도는 우리의 목적이신 하나님 앞으로 가게 하는 하나님의 포장된 선물입니다. 한여름의 찌는 더위와 태풍 그리고 번개는 나무의 필수 영양분인 질소를 녹여주는 역할을 한답니다. 어떤 면에서 볼 때 자연재해는 나무의 성장에 꼭 필요한 사건이기도 합니다. 우리에게 허락된 삶의 질고는 우리 안의

익숙하고 편안한 것을 잘라내기 위한 과정으로 허락된 가지치기와 천국의 신부로서의 삶을 준비하는 과정이 아닐까 생각합니다.

사모님을 위해 기도하는데 눈물이 절로 나네요. 어려움 가운데서도 포기하지 않고 주의 뜻이라면 그 자리를 지켜내려는 결연한 의지가 참 아름답고 귀하십니다. 장정이라 하여도 감당키 어려운 1인 다역을 감당하시는 사모님의 그 가냘픈 몸은 어느새 굵고 튼튼한 허리와 팔다리로 변했지만 그래도 아픈 건 아픈 거 아닐까요? 사람 좋은 너털웃음은 아무나 지을 수 있는 것이 아니니 '난 왜 저 사모님처럼 깔깔거리고 웃지 못할까?' 하며 맘 어려워 마시고, 하나님이 지으신 성품으로 잘 하는 것 하시면서 기쁘게 지내시면 좋겠어요. 섬기시는 교회가 못하는 것은 잘하는 사람의 도움을 받으면서 더불어 만들어 가는 교회, 사모도 성도인 교회, 성도 간에 사랑이 넘치는 교회가 되기를 기도합니다.

사모님을 위해 기도하시는 분이 정말 많습니다. 땅의 것을 무시함이 아니라 우리의 소망이 하늘나라에 있으니 땅의 것을 다 누릴 수 없어도 인내하기를 기도합니다. 진정한 기쁨을 위해 잠시 세상이 주는 기쁨을 보류할 수 있는 힘은 능력입니다. 우리의 일은 하나님이 보내신 예수님을 믿는 것임을 기억하고 힘냅시다. 아무리 바쁘고 힘들어도 식사는 잘 챙겨 꼭 드시고, 혹여 바쁜 교회 일로 자녀들 챙기는 데 소홀해서 자녀들의 마음이 상하지 않도록 조금 더 신경 쓰면 좋겠습니다. 가까이 계시면 맛있는 음식도 나누고 안아주면 좋을 텐데…. 사모님, 힘내세요. 언제나 기도로 함께합니다.

사모님을 위해 소망을 가지고 기도하는 밴쿠버 비빌언덕 사모의집 김혜한 선교사가 보냅니다.

감사의 말

"감사합니다! 사랑합니다! 축복합니다!"

드러나지도 않고 보이지도 않는 지극히 작은 자를 하나님의 마음으로 섬겨 주시고 믿어 주셔서 감사합니다. 30년 넘게 한결같이 기도해 주시고 후원해 주신 덕분에 사역자로서의 정체성을 잃지 않을 수 있었습니다. 삶에 지쳐 이 부르심에 의구심이 들 때도, 여러 분주한 일로 사역 보고를 하지 못할 때도 함께 그 자리를 지켜준 분들이 계셔서 여기까지 올 수 있었습니다.

다 나열할 수 없지만, 이름도 빛도 없이 함께해 주시고 후원해 주신 모든 동역자 분께도 하나님이 좋은 것으로 갚아 주시길 기도합니다.

"너희가 여기 내 형제 중에 지극히 작은 자 하나에게 한 것이 곧 내게 한 것이니라"(마 25:40).

내 손바닥에 너를 새겼고

1판 1쇄 발행 _ 2024년 11월 20일
1판 2쇄 발행 _ 2024년 12월 10일

지은이 _ 김혜한
펴낸이 _ 이형규
펴낸곳 _ 쿰란출판사

주소 _ 서울특별시 종로구 이화장길 6
편집부 _ 745-1007, 745-1301~2, 743-1300
영업부 _ 747-1004, FAX 745-8490
본사평생전화번호 _ 0502-756-1004
홈페이지 _ http://www.qumran.co.kr
E-mail _ qrbooks@daum.net / qrbooks@gmail.com
한글인터넷주소 _ 쿰란, 쿰란출판사
페이스북 _ www.facebook.com/qumranpeople
인스타그램 _ www.instagram.com/qrbooks
등록 _ 제1-670호(1988.2.27)
책임교열 _ 이강임·이주련

ⓒ 김혜한 2024 ISBN 979-11-6143-994-5 03230

책값은 뒤표지에 있습니다.
이 출판물은 저작권법에 의해 보호를 받는 저작물이므로 무단 복제할 수 없습니다.
파본(破本)은 구입처에서 교환해 드립니다.